장로회신학대학교 성지연구원
제30차 일반성지답사단

고성옥 김명숙 김문경
김창환 김태훈 김한병
나한나 배강환 배철한
신영숙 양금희 원옥란
유행균 이종오 이철우
장문기 장영태 최성은
(이상 가나다 순)

영사편집
장영태

사진 제공
유행균
장영태
김태훈
이종오
장재원

편집·구성
현솔메

책임 편집
김문경

도서출판 **하늘향**은
신앙서적을 전문으로 출판하는 장로회신학대학대학교 출판사입니다.

누가복음 묵상 나눔 성지·성경 공부
누가복음의 예수님과 함께하는

이스라엘 성지답사

초판인쇄 2014년 10월 1일
초판발행 2014년 10월 9일

편집인 김 문 경
펴낸이 김 명 용
펴낸곳 하늘향
신 고 제2014-31호
주 소 143-756 서울특별시 광진구 광장로 5길 25-1(광장동 353)
전 화 82-2-450-0795
팩 스 82-2-450-0797
E-mail ptpress@puts.ac.kr

값 22,500원

ISBN 979-11-952833-3-0 03230

A Pilgrimage to Israel's Holy Land:
With the Jesus from the Gospel of Luke

ed. by Moon-Geoung Kim
Published by Myung Yong Kim
Presbyterian University and Theological Seminary Press
25-1, Gwangjang-Ro(ST) 5-Gil(RD), Gwangjin-Gu, Seoul, 143-756,
The Republic of Korea
Tel. 82-2-450-0795 Fax. 82-2-450-0797 e-mail: ptpress@puts.ac.kr
http://www.puts.ac.kr

(누가복음의 예수님과 함께하는) 이스라엘 성지답사 : 누가
복음 묵상 나눔 성지·성경 공부 = (A) pilgrimage to Israe
l's holy land : with the Jesus from the gospel of Luke /
김문경 편. — 서울 : 하늘향, 2014
  p. ;   cm

권말부록: 갈릴리 선상 성찬식 ; "누가복음의 예수님과 함께
하는 성지답사"와 참조자료 ; 주님 가신 발자취를 따랐던 1
1일
ISBN 979-11-952833-3-0 03230 : ₩22,500

누가 복음[——福音]
성경 공부[聖經工夫]

233.64-KDC5
226.4-DDC21   CIP2014028539

누가복음 묵상 나눔 성지 · 성경 공부

누가복음의 예수님과 함께 하는

이스라엘
성지답사

● 김 문 경 편

장로회신학대학교 성지연구원 제30차 일반성지답사단

하늘향

편집인 **김 문 경**

한국외국어대학교 프랑스어과(B.A.)
장로회신학대학교 신학대학원(M.Div.)
장로회신학대학교 대학원(Th.M.)
독일 뮌헨대학교 개신교신학과(Kolloquium,Th.M.,Th.D.)
현 강원노회 기관목사
현 장로회신학대학교 부교수(신약학)
현 여전도회전국연합회 옥은석좌교수

저서: 말씀의성육신 요한신학(교보문고 전자책)
역서: 신약성서신학 I, II(F. Hahn)

| 서문 |

　기존의 기독교 성지관련 소개나 여행 책들은 여행의 편의 위주로 지리적 위치에 따라 성지 지역을 답사하는 안내에 집중하였습니다. 본서는 신약성경의 책 중 지리적 관심이 지대한 누가의 보도 기록인 누가복음에 기초하여 예수님께서 행하신 사역의 동선을 그대로 따라가며 성지를 답사하고 말씀을 묵상하고 예수님을 따르는 제자의 길을 실천하는 것에 역점을 둡니다. 본서는 실제로 2012년 2월 11-22일에 행해진 장로회신학대학교 성지연구원 '제30차 일반성지답사'에서 사용된 교육 자료를 토대로 작성되었습니다. 그 당시 성지답사는 예수님께서 걸으신 이동경로를 따라 누가복음에 나오는 예수님의 사역의 현장 장소들을 탐방하는 이스라엘 집중 답사로 진행되었습니다. 따라서 본서는 단순히 임의로 성지 지역을 찾아 눈으로 보고 감동하는 성지순례가 아니라 하나님의 생명의 말씀인 누가복음이 전하는 내용에 따라 예수님과 제자들이 걸었던 길을 그대로 따라가 볼 뿐만 아니라, 누가복음의 말씀을 묵상하여 귀로 듣고 입으로 말씀을 나누며, 땀 흘리며 발로 걷고 체험하는 성지·성경묵상 순례

를 돕는 책입니다. 사복음서 중 특별히 누가복음의 기록자가 "유대문화와 지리에 익숙하지 않은 당대의 독자들에게 예수님의 사역을 친절하고 이해하기 쉽게 보여주고 있으며 이것은 오늘날 우리게도 동일하게 적용"된다는 점에서 누가복음을 성지순례의 교본으로 택하였습니다. 물론 예수님의 탄생지인 베들레헴에서 출발하여 '나사렛에서 갈릴리로 이어지는 길'(Jesus Trail 1), '가이사랴 빌립보와 사마리아 지역'을 거쳐 '여리고에서 예루살렘으로 오르는 길'(Jesus Trail 2), 예루살렘에서 '예수님의 수난의 길'(via dolorosa)을 따라 걷는 여정은 일반여행자나 여행사들이 꺼리는 여행 동선입니다. 그러나 본서를 중심으로 성지·성경공부를 할 때 누가복음에 대한 개관을 알고 예수님의 사역 현장 지명들을 충분히 익히며 성지답사 현장에서 반복하여 말씀을 읽고 묵상하므로 말씀이 우리의 몸과 생활에 성육화되는 체험을 할 수 있습니다. 답사일정은 총 11박 12일로 신체적, 물질적으로 비교적 큰 부담이 되지 않는 여행을 할 수 있도록 고려하였습니다. 혼자서도 여행을 할 수 있으나 여러 명이 그룹을 이루어 여행할 때 아침 또는 저녁에 전체 그룹 토의와 소그룹 토의 과정으로 진행된 '묵상 나눔 성지·성경공부'를 통해 당일의 순례 학습과 체험을 보다 더 잘 정리할 수 있고 서로 내용을 공유하며 소박한 코이노니아를 체험할 수 있을 것입니다. 본서 제1과의 들어가기에

서 '누가복음을 소개합니다'의 기본내용은 우도 슈넬레의 『신약
성경개론』(Udo Schnelle, Einleitung in das Neue Testament,
8. Auflage, 2012)을 참조하였습니다. 제2과의 배경과 내용은
본인의 공저 『말씀으로 기도하기4. 예수 그리스도』(셈연구시리
즈 23, 한국기독교교육교역연구원, 2011년)를 제7-11과의 배
경과 내용은 본인의 공저 『말씀으로 기도하기2. 누가복음』(셈연
구시리즈 11, 한국기독교교육교역연구원, 2008년)에서 가져왔
습니다. 본서에서 누가복음에 나오는 성지에 관한 지리·역사·신
학적인 상세한 설명 또는 해설을 다루지는 않았습니다. 사회,
문화 등 보다 더 큰 스펙트럼에서 연구해야 할 성지의 배경 및 영
향사는 본인의 차후 연구 과제로 남겨둡니다. 본서를 참조하며
기도하는 마음으로 직접적, 간접적으로 성지를 답사하므로 성경
과 성지의 입체적인 조명을 통하여 엠마오 도상에서 "눈이 밝아
져 … 우리 속에서 마음이 뜨거워지는"(눅 24:31,32) 제자들의
체험을 공유, 체험, 실천할 수 있도록 오늘도 성령으로 우리와 함
께 하시는 예수님이 우리를 인도하실 것입니다.

　　부록으로 2012년 '제30차 일반성지답사'에 함께 참여하시어
옥고를 기고해 주신 장로회신학대학교 양금희 교수님, 독바위
교회 최성은 목사님. 특별히 귀한 사진들을 사용할 수 있게 해
주신 유행균 전도사님, 사진 제공과 동영상 작업을 해 주신 장영

태 목사님, 사전기획에 협조해 주신 김태훈 목사님, 그 밖에 사진 편집에 일부 도움을 주신 이종오 전도사님, 재정적인 손해를 감수하며 그룹답사를 가능하게 해주신 성지여행사 장문기 사장님, 당시 성지연구원 원장으로 도와주신 박동현 교수님, 연구원 실무를 담당해 주신 김도현 목사님과 함께 한 단원들 고성옥 사모님, 김명숙 집사님, 김창환 장로님, 김한병 목사님, 나한나 사모님, 배강환 장로님, 배철한 장로님, 신영숙 사모님, 원옥란 목사님, 이철우 목사님(이상 가나다순)께 깊은 감사를 드립니다. 무더운 여름 쉬지도 못하고 본서의 편집과 표지 디자인 등을 도와주신 현솔메 전도사님의 노고와 사진 작업에 기꺼이 협조해 주신 장재원 전도사님의 수고에 심심한 감사를 드립니다. 부족한 본서의 출판을 기꺼이 허락해주신 장로회신학대학교 연구출판 위원회 여러 교수님들, 연구지원처장 김도훈 교수님, 연구지원실 김영미 실장님과 김종호 계장님께 감사드립니다. 더 좋은 연구를 위한 격려로 알고 더욱 겸손하게 분발하겠습니다.

2014년 8월 4일 광나루 장로회신학대학교에서

김 문 경

| 목차 |

1과

들어가기

하나,
성경공부 교재와 묵상 나눔에 관한 안내

【 교재에 관하여

이 교재는 누가복음의 예수님께서 걸으신 여정을 따라 성지
이스라엘을 답사하기 위해 만들어진 참조 교재입니다.

❶ 교재의 쓰임 : '일반 성지답사 성지공부 교재'

이 교재는 누가복음에 따른 예수님의 여정을 따라서 성지를
답사하는 참조 자료로 준비교육과 11박 12일의 답사 일정에 맞
추어 공부할 수 있도록 전체 12과로 이루어져 있습니다. 제1과
는 교재에 관한 소개 및 누가복음의 예수님과 함께하는 성지답
사 여정 개관을 기록하였습니다. 나머지 과들은 11박 12일에 걸
쳐서 진행되는 답사장소와 관련된 누가복음의 본문을 묵상하고
각자가 나름대로 사진도 첨부하면서 더 좋은 답사일지 묵상 공
부 책을 만들어 갈 수 있도록 구성되었습니다.

❷ 교재의 목적 : '누가복음의 예수님의 여정을 따라서 성
　　지를 답사하며 예수님과 함께 하기'

　이 교재는 누가복음의 예수님의 여정을 따라서 눈으로 보고,
귀로 듣고, 입으로 나누고, 발로 걸으며 땀을 흘려 성지를 답사
하면서 예수님과 함께 하는 것을 체험하고 예수님을 인격적으로
만나 자신과 교회와 세상을 새롭게 이해하여 말씀을 실천에 적
용하는 것을 목표로 합니다.

❸ 교재의 성격 : '학습자 중심 성지공부 교재'

　이 교재는 인도자가 학습자에게 성경과 성경지리 관한 지식
을 전달하는 것에 초점을 두지 않습니다. 이 교재는 성지 답사에
참여한 단원들이 소그룹에서 다른 조원들과 함께 하나님의 말
씀을 묵상하고 말씀 가운데 나타난 장소를 직접 보고 발로 걸
으면서 체험한 것을 함께 나누어 공부하므로 하나님을 인격적으
로 만나 생활에 실천할 수 있도록 도움을 주는 '학습자 중심의
성경공부' 교재입니다.

❹ 교재의 범위 : '한 과에 하나의 내용을 성지를 보며 묵
　　상'

　이 교재는 11박 12일 동안 이스라엘 성지를 답사하며 누가
복음의 말씀을 묵상하며 말씀 가운데 나타난 장소를 직접 눈으
로 보고 발로 걸으며 하나님을 인격적으로 만나는 것을 목표로

합니다. 매일 답사하는 여러 성지 장소 중에서 누가복음에 나타
난 장소들 중 하나 또는 그 이상과 관련된 본문 하나를 발췌하
여 묵상하여 조별로 함께 나누도록 교재가 구성됩니다. 답사 기
간 중 제1일 성지에 도착한 날을 제외한 제2일부터 제11일까지
총 11과로 교재가 구성되었습니다. 따라서 본 교재는 누가복음
에서 선택된 10개 단락의 내용을 대그룹 모임에서 성경 읽기, 성
지 읽기로, 소그룹 모임에서 개별 묵상하기, 보고 듣고 깨달은
것(시청각) 나누기, 개인·교회·세상에 적용하기, 마무리하기로
구성되었습니다.

답사 기간 중 성지특강, 주일예배, 마지막 날 귀국 전 비행기
내 숙박 등으로 교재에 따른 조별 나눔 묵상은 답사일정에 따라
융통성 있게 진행될 수 있습니다.

❺ 교재의 형태 : '학습교재와 추가자료'

이 교재 외에 제시될 수 있는 별첨 자료들을 활용할 수 있습
니다. 학습자들은 성경을 함께 읽고 성지에 관한 자료를 함께 나
누면서 각자가 답사를 하며 스스로 선택하여 직접 사진을 찍고
체험한 자료를 성지공부 자료로 교재에 추가함으로 성지 답사
를 마무리한 후에는 교재 외에 학습자 자신의 누가복음의 예수
님과 함께하는 성지공부 자료집을 완성할 수 있습니다.

【 묵상 나눔에 관하여

❶ 묵상 나눔의 기본적 틀

묵상 나눔의 진행은 교재의 틀을 기본적으로 따릅니다. 교재
는 크게 다음 여섯 부분으로 나누어져 있습니다.

1) 본문으로 들어가기(대그룹 모임)

이 부분은 찬양, 성경읽기와 성지읽기의 세 부분으로 구성됩
니다. 대그룹에서 함께 찬양으로 시작합니다. 이어서 전체 인솔
지도자가 성경읽기 본문의 짜임새와 전후 관계를 간략하게 설명
합니다. 성지 안내 연구원이 관련 성지 장소에 관해 지도를 보며
간략하게 설명합니다. 답사 참여자들이 성경 본문의 말씀을 미
리 읽고 관련 성지 장소를 미리 지도를 찾아 익히면 더욱 유익할
것입니다.

2) 성지 묵상 나누기(소그룹 모임)

이 부분은 개별 또는 단체 묵상, 시청각 나눔, 생활의 실천과
마무리의 네 부분으로 구성됩니다.

① 묵상
조장의 인도로 개별 또는 단체로 말씀과 관련 성지를 묵상합

니다. 조장은 여러 자료를 사용할 수 있습니다.

② 시청각 나눔
보고 듣고 깨달은 것을 함께 나눕니다. 각자 사진, 그림, 시, 짧은 묵상 형태의 글쓰기, 음악 등 여러 형태로 체험한 것을 조원들과 함께 나눕니다. 묵상 나눔 조별 활동 후 매일 자료들을 함께 모아 조별 묵상 자료집을 묶어 커뮤니티에 저장 또는 보관합니다.

③ 개인·교회·세상에 적용하기
묵상하고 함께 나눈 내용을 토대로 개인·교회·세상에 적용하여 생활에 실천할 것을 나눕니다. 조장은 시간을 조정하여 아래 항목들을 선택하여 융통성 있게 진행할 수 있습니다.

　i 말씀과 관련된 성지 답사를 통해 '나'를 읽고 '나'의 삶에 적용하고 실천하기 : 성지 답사를 하며 관련된 말씀에 비추어 '나'를 살펴보고 반성합니다. 그것을 바탕으로 본문 말씀을 '나'의 삶에 구체적으로 적용하고 실천할 수 있는 방안을 모색합니다. 특히 내일 하루(또는 임의의 기간을 정하여) 자신이 실천할 내용과 행동을 파악하고 결심합니다.

　ii 말씀과 관련된 성지 답사를 통해 '교회'를 읽고 '교회'의 삶에 적용하고 실천하기 : 성지 답사를 하며 관련된 말씀에 비추어 '교회'를 살펴보고 반성합니다. 그것을 바탕으로 본문 말씀을 '교회'의 생활에 구체적으로 적용하고 실천할 수 있는 방안을 모색합니다. 특히 내일 하루(또는 임의의 기간을 정하여) 자신이 실천할 내용과 행동을 파악하고 결심합니다.

iii 말씀과 관련된 성지 답사를 통해 '직장·사회·세상'을 읽고 '직장·사회·세상'에 적용하고 실천하기 : 성지 답사를 하며 관련된 말씀에 비추어 '직장·사회·세상'을 살펴보고 반성합니다. 그것을 바탕으로 본문 말씀을 '직장·사회·세상'에 구체적으로 적용하고 실천할 수 있는 방안을 모색합니다. 특히 내일 하루(또는 임의의 기간을 정하여) 자신이 실천할 내용과 행동을 파악하고 결심합니다.

④ 소그룹 마무리
조장은 다음 날 성지 답사와 묵상 나눔 본문을 알려 주고 기도로 마무리 합니다.

3) 마무리하기(대그룹 모임)

시간이 허락하는 경우 조별 활동에 대해 간략하게 대그룹으로 나눌 수 있습니다. 인솔 교수는 내일 성지 답사 관련 성경 본문들을, 성지 안내 연구원은 관련 성지 장소에 관해 아주 간략하게 설명합니다. 기도로 마무리 합니다.
경우에 따라 대그룹으로 마무리하기가 생략될 수 있습니다.

❷ 묵상 나눔 시간 배정

총 시간은 60분으로 다음과 같이 세분할 수 있습니다.

구분	시간(60분)	그룹
1. 본문으로 들어가기	(15분)	
(1) 찬양	5분	
(2) 성경 읽기	5분	대그룹
(3) 성지 읽기	5분	
2. 성지 묵상 나누기	(35분)	
(1) 묵상	10분	
(2) 시청각 나눔	10분	소그룹
(3) 개인·교회·세상에 적용하기	10분	
(4) 소그룹 마무리	5분	
3. 마무리하기	(10분)	
(1) 조별 발표	5분	대그룹
(2) 다음 묵상과 성지답사 및 기타 안내	5분	

❸ 수업진행

1) 성지답사 묵상 나눔 성경공부는 대그룹에서 시작하여 소
   그룹으로 나누어 모이고, 다시 대그룹으로 모여서 마무리
   하고 끝나는 방식으로 진행됩니다.
2) 전체 인원 20명을 6-7명씩 3조로 나누어 소그룹을 구성합
   니다.
3) 조는 2차 교육 때에 편성됩니다. 조에 따라 매일 조장을

교체할 수 있습니다. 조별로 매일 진행되는 출발기도와 중식기도 담당자를 정하여 답사에 참여합니다. 조별 묵상 나눔은 총 6회 진행합니다.

4) 조장은 미리 그날의 활동에 대한 준비를 합니다.

5) 조장은 매 수업 마지막 조원들에게 그날의 나눔에 대한 보완 내용과 그 다음날 일정에 대해 안내합니다.

6) 묵상 나눔 성경공부는 찬양과 기도로 시작하여 기도로 마무리 합니다. 그 다음 날 답사 일정을 위해 모두 충분한 휴식을 취할 수 있도록 조장과 조원은 서로 존중하며 시간 분배를 잘하고 잘 지켜주어야 합니다.

❹ 과제

기쁘고 감사하며 서로 배려하는 마음 갖기
체력단련 유의하기

❺ 전체 모임과 조별 모임에서 보고 할 때 주의사항

성지 묵상 나눔 성경공부를 효과 있게 진행하려면 전체 모임과 조별 모임을 잘해야 합니다. 그러기 위해서는 함께 답사를 할 때, 대화하며 서로 나눌 때나 보고할 때 다음 몇 가지 사항들에 주의합시다.

1) 한 사람이 너무 길게 말하지 말고 핵심 내용만을 말합니다. 모든 사람에게 발표의 기회가 고루 가도록 서로 배려

합니다.

2) 상대방의 말을 경청하고 존중하며 바르게 이해합니다. 질문과 답변을 통해 올바른 이해와 소통을 꾀합니다.

3) 대화가 주제 범위를 벗어나는 경우 인도자가 본 주제로 돌아오도록 주의를 환기시킵니다.

4) 조별 모임에서는 조원들이 돌아가면서 인도자나 기록자, 발표자의 역할을 경험합니다. 인도자는 그룹 토의가 잘 진행되도록 대화의 전 과정을 적절히 조정, 통제합니다.

5) 보고는 간단 명료하게 합니다. 각 조의 발표시간은 2분을 넘기지 않도록 합니다. 앞서 발표한 조와 중복되는 내용은 생략합니다.

❻ 수업관련 학습사이트

답사 참여자들은 인터넷상의 커뮤니티를 개설하여 온라인상으로 성지 묵상 나눔 성경공부자료를 제공받고 각자 가진 자료를 함께 제공하고 나눌 수 있습니다.

둘,
누가복음을 소개합니다!

【 누가 기록하였는가?

● 복음서의 제목 '누가에 따른'은 다른 복음서들의 제목처럼 후대에 불러진 명칭이다. 이 명칭은 원래 라틴어 이름 〈Lucianus〉와 관련되고 이 〈Lucianus〉의 그리스어로 짧게 된 명칭으로 본다. 이 이름을 가진 이는 예수에 관한 전승들 가운데 등장하지 않는다. 그래서 예수께서 사역하던 당시의 역사에서 이 이름과 관련된 사람을 찾는데 어려움을 겪고 있다.

● 그러나 바울의 제자들 가운데서 이 이름을 가진 사람을 찾을 수 있다. 그래서 2세기 말경 로마에서 형성된 신약 문서들의 목록은 의사이며 바울의 동반자였었던 '사랑받는 누가'를 우리가 가진 세 번째 복음서의 기록자라고 생각한다.

● 이 누가(의사)와 누가복음 기록자의 동일시를 위해 사도행전이 언급될 수 있다. 사도행전은 바울 선교의 큰 부분에 관한 보고에서 '우리' 자료를 담고 있는 단락들을 포함하고 이 단락

은 예수 사건의 목격자가 사도행전의 기록자임을 나타내는 것
처럼 보인다. 주후 180년경 이레네우스는 (첫번째 사람) 바울의
동역자 누가를 복음서의 기록자로 명명한다. 누가, 바울의 동역
자가 복음서를 기록했다. 이레네우스는 이를 위해 사도행전의
'우리' 자료를 언급한다. 여기서 누가는 바울과 친밀한 동역자로
등장한다.

●순교자 저스틴(150년경)이 실제로 누가복음을 알고 있었
다.

●교회사가들(특히, 터툴리안, Adversus Marcionem IV)은
마르키온이 140년경에 자신의 '복음서'를 만드는데 누가복음을
기초로 했고 누가복음을 고쳐서 사용했다고 본다. 공공연히, 마
르키온에 의해 형성된 '복음서'가 누가복음의 가장 오래된 증거이
다. 그러나 복음서의 기록자에 대해서는 언급되고 있지 않다.

●누가에 대한 파피아스의 소개는 전해지지 않는다. 물론 가
이사랴의 안드레아의 묵시서, 주석의 아람어 역본에서 파피아스
가 누가복음 10:18을 인용했다는 한 단편이 소개된다. (600년
경) "예수께서 이르시되 사단이 하늘로써 번개같이 떨어지는 것
을 내가 보았노라."

●그러므로 대체로 바울의 동역자인 누가가 세 번째 복음서
의 기록자임이 주후 150년경 이전에 이미 널리 인정되었던 것으
로 보인다.

【 기록자 누가

● 세 번째 복음서의 기록자 누가는 신학가요, 역사가로서의 자신의 모습을 드러낸다. 특별히 1:1-4의 성경봉독은 기독교 교회 전승이 확실하게 드러나기를 원한다.

● 유대기독교인으로 보인다. 칠십인역에 대한 지식, 성경과 예언자들에 대한 관심을 가지며, 예루살렘의 중요성에 대해 인식한다. 누가복음 4:16-30은 공회에서 드리는 예배를 언급한다. 예수께서 안식일에 회당에 들어가서 서서 성경을 읽으셨다. 사도행전 13:14-41에서 바울과 동행하는 사람들이 안식일에 회당에 들어가 앉았고 율법과 선지자의 글을 읽었다는 표현은 수많은 특수 전승들의 유대적인 경향을 드러낸다.

● 그러나 누가는 유대 기독교인을 넘어 선다. 예언적인 논쟁에 관심을 보이고 자신의 복음서를 이방 기독교인들을 향해 기록하려 한 의도를 읽을 수 있다. 구원론과 연관된 예수의 죽음의 이해에서 죄를 대신 속하는 대속의 개념이 후퇴한다.

● 그러므로 누가를 이방기독교인으로 파악할 수 있다. 다이스포라 유대교와 관련된 사람이었고 유대 기독교 전승들을 의도적으로 통합시키려 했다.

【 언제 기록하였는가?

기록 시기는 규명하기가 어렵다. 일반적으로 학자들은 누가가 마가복음과 예수님의 구두 말씀을 사용했을 것으로 추정한다. 누가는 21:24에서 예루살렘 멸망을 회상한다.

> 누가복음 21:24
> 그들이 칼날에 죽임을 당하며 모든 이방에 사로잡혀 가겠고 예루살렘은 이방인의 때가 차기까지 이방인들에게 밟히리라

사도행전 20:25/38; 21:15(예루살렘에서도 죽을 각오)은 바울의 죽음을 전제로 한다. 누가는 초기 기독교의 세 번째 세대의 관점에서 기록하며 구원사의 시기를 조망하는 것에 관심을 기울인다.

> 누가복음 16:16
> 율법과 선지자는 요한의 때까지요 그 후부터는 하나님 나라의 복음이 전파되어 사람마다 그리로 침입하느니라

누가복음의 최종 기록 시기는 90년경(90-100)으로 추정되며 누가복음의 기록 직후에 사도행전이 기록되었을 것으로 추정한다.

【 어디서 기록하였는가?

기록 장소는 매우 논쟁이 되고 있다. 에게, 안디옥, 에베소, 마케도니아, 아가, 가이사랴 그리고 소아시아가 저작 장소로 추정된다. 사도행전 1:8 "오직 성령이 너희에게 임하시면 너희가 권능을 받고 예루살렘과 온 유대와 사마리아와 땅 끝까지 이르러 내 증인이 되리라"는 말씀은 전체 사도행전의 흐름을 요약하고 있다. 당시 제국의 수도 로마를 큰 선교지점으로 설정하고 있다. 바울은 예루살렘으로 여행하기를 원하고 로마도 보아야 한다고 말한다. 누가의 이중저작은 로마를 저작 장소로 추정하게 한다.

사도행전 19:21
이 일이 있은 후에 바울이 마게도냐와 아가야를 거쳐 예루살렘에 가기로 작정하여 이르되 내가 거기 갔다가 후에 로마도 보아야 하리라

【 무엇을, 왜 기록하였는가?

서언(눅 1:1-4)
¹우리 중에 이루어진 사실에 대하여 ²처음부터 목격자와 말씀의 일꾼 된 자들이 전하여 준 그대로 내력을 기록하려고 붓을 든 사람이 많은지라 ³그 모든 일을 근원부터 자세히 미루어 살핀 나도 데오빌로 각하에게 차례대로 써 보

내는 것이 좋은 줄 알았노니 ⁴이는 각하가 알고 있는 바
를 더 확실하게 하려 함이로라

❶ 수신자

누가가 분명하게 율법으로부터 자유로운 이방선교를 전제
로 하고 있다는 점에서 누가는 대체로 이방 기독교 공동체를 위
해 복음서를 기록하고 있는 것으로 보인다(비교, 행 10장;
28:28). 이스라엘 민족의 구원사적인 해체, 무효화가 이미 현실
이 된 것으로 파악한다(비교, 눅 21:22, 24; 행 28:25-27).

누가는 그리스-로마 역사 기술의 전통을 잘 알고 있고(비교,
눅 1:1-4) 팔레스틴 지역의 지리에 대해 늘 올바르게 보도하고
있지 않다(비교, 눅 17:11; 9:10. 12; 4:29). 셈어적인 개념들을
피하고(비교, 눅 22:40; 23:33) 헬라적인 개념들로 대치시킨다
(비교, 눅 18:41/ 막 10:51, 눅 9:33/ 막 9:5, 눅 22:42/ 막
14:36, 눅 6:15/ 막 3:18).

누가는 팔레스틴 지역의 특징들이 지배적으로 나타나거나
누가 공동체에 더 이상 실제적으로 부합하지 않는 것으로 보이
는 마가 단락들이나 어록자료(Logionquelle)의 본문들을 삭제
하는 것으로 추정된다(비교, 막 7:1-23; 7:24-30; 7:31-37; 8:1-
10; 8:11-13; 8:14-21; 8:22-26; 나아가 마 5:19a; 5:21-48; 6:1-
8. 16-18). 칠십인 역을 사용하고 유대라는 팔레스틴 지역의 명
칭이 등장한다는 점에서(비교, 눅 1:5; 4:44; 6:17; 7:17; 23:5;
행 2:9이하 10:37) 누가가 팔레스틴 지역 밖의 주로 이방기독교
공동체를 위해 복음서를 기록하는 것으로 보인다.

❷ 누가 교회 공동체의 상황

누가 공동체의 상황은 세기의 전환기에 초기 기독교 제3세대에게 특징적인 문제들로 규명되고 있다.

1) 임박한 재림 사상의 후퇴

제1,2세대 초기 기독교 세대가 갖게 된 임박한 재림사상의 문제는 누가와 그의 공동체가 재림 시간의 지연을 이해하고 있음을 나타난다. 임박한 재림사상에서 비롯되는 사고들을 누가는 거절한다(비교, 눅 17:20이하; 19:11; 21:8; 행 1:6-8). 누가는 마가복음 1:15의 예수의 선포요약을 예수의 나사렛 등장설교로 대치하고(비교, 특히 눅 4:21), 마가복음 9:1의 임박한 재림에 관한 로기온을 교정한다(비교, 눅 9:27). 위탁으로 맡긴 재화에 대한 비유(눅 19:12-17)는 누가복음 19:11의 도입부로 시작된다. 이것으로 누가는 임박한 재림사상을 포기하지 않으면서 동시에 주님이 도래하기 까지의 불확실한 기간 동안 (비교, 눅 12:40; 17:24. 26-30; 행1:7)을 인내하라는 것과(비교, 눅 8:15) 깨어있으라는 호소를 함께 결합시킨다(눅 12:35이하; 21:34, 36). 하나님의 통치가 가까이 왔다는 것에 관한 말씀들은(비교, 눅 10:9,11), 누가는 임박한 도래를 원칙적으로 포기하는 것이 아니라 오히려 배교의 위험으로 특징지어지는 공동체의 상황에 직면하여 그리스도의 도래 및 그와 결합된 심판을 윤리적인 경고들과 결합시키고 있다.

2) 공동체에서 부자와 가난한 자

1세기 전환기에 명망 있는 사람들과 부유한 이들이 기독교 공동체의 그룹에 속해 있었다(비교, 17:4; 18:8). 그래서 금전과 소유에 대한 올바른 태도가 누가적인 윤리의 한 중심 문제로 발전되었다(비교, 눅 3:11; 행 2:45; 4:34-37). 공동체 안에서 부유한 이들은 스스로 의롭다고 생각하고 재물에 욕심이 있었던 것으로 나타난다(비교, 눅 12:13-15; 16:14 이하). 그들은 가난한 자들을 경멸하고(비교, 눅 18:9) 부를 취하고자 하는 그들의 노력으로 인해 신앙에서 떨어져 나갈 위험에 처해 있었다(비교. 눅 8:14; 9:25). 공동체의 이러한 부정적인 현상에 직면하여 누가는 초기 공동체를 자발적인 사랑의 공동체로 내세우고자 하였다. 그들은 궁핍에 처한 이들을 위해 소유를 포기했었다(행 2:45; 4:34). 그리고 사유재산을 공동으로 이용했다(행 4:32). 누가가 교회를 사랑의 공동체로 표현함으로써, 누가는 "주는 것이 받는 것보다 복되다"는 예수님의 요구에 잇대어 있다(행 20:35).

주제화된 단락인 누가복음 12:13-34; 16:1-31에서 예수는 부유한 자들에게 문제를 제기한다. 생명은 생명을 소유하는 것에 의미를 부여하지 않는다(비교, 눅 12:15). 소유에 대한 집착과 돈에 대한 욕심은 하나님의 뜻에 일치하지 않는다(비교, 눅 9:46-48; 22:24-27). 만찬 시에 사람들을 초대하는 설명에서도(눅 14:7-24) 부유한 기독교인들의 태도가 비판되었다. 제자도와 소유를 포기하는 것으로의 부름이 서로 전제조건이 되고 있다(비교, 눅 5:11. 28; 8:3; 9:3; 10:4; 18:28). 누가복음 14:33은 다음과 같이 표현한다. "이와 같이 너희 중에 누구든지 자기의 모든 소유를 버리지 아니하면 능히 내 제자가 되지 못하리라."

예수는 소유에 대해 거리를 둘 것에 대한 요구를 구제헌금을 주려는 준비와 연결시킨다(비교, 눅 12:21. 33이하; 16:9, 27-31). 그래서 부유한 관리를 제자로 부를 때 모든 것을(누가 병행구 18:22) 팔아서 가난한 이들에게 주라는 요구가 함께 주어진다. 누가복음 18:25은 약대가 바늘귀로 들어가는 것이 부자가 하나님의 나라에 들어가는 것보다 쉽다고 선포한다.

동시에 누가는 개별적인 가능성에 따른 은사들(비교, 행 5:4)을 가진 자들의 자유의지를 언급한다(행 11:29 "제자들이 각각 그 힘대로 유대에 사는 형제들에게 부조를 보내기로 작정하고").

누가는 공동체 안에 있는 부유한 자들을 향해 훈계하고 배교의 위험에 직면하여 부에서 거리를 둘 것을 호소한다. 그를 '부유한 자들의 복음서'를 기록한 자로 혹은 '가난한 자들의 복음서'를 기록한 자로 명명하지 말아야 한다. 그는 '공동체의 복음서'를 기록한 자였다. 그의 목적은 부유한 이들에 대한 절충 없는 비평이 아니라 오히려 공동체의 부유한 자들과 가난한 자들 사이의 사랑의 공동체의 실현이다. 그 전제가 부유한 자들의 측면에서 구제헌금을 전제로 하는 것이다. 누가는 이러한 면에서 가난한 자들을 위해 부유한 자들에게 복음서를 기록한다. 기독교인의 현존은 부유함과 과잉에 그 목적이 있는 것이 아니라 이웃 사람들을 위한 사랑의 봉사를 위한 준비에 있다. 누가는 예수의 제자들과 초기 기독교 공동체의 소유의 포기를 그 모범으로 삼았다. 누가는 무조건적으로 제자도의 생활을 실천하는 것과 사랑이 학습되고 경험되며 실천되는 공동체가 누가의 공동체에서도 실현되기를 바랐다.

3) 국가와 교회의 관계

누가는 예수와 국가의 대표자들 사이의 만남을 로마제국에서 교회의 상황과 관련하여 묘사한다. 유대인들은 예수와 그리스도인들의 핍박자로 묘사된다(막 15:16-20의 말씀은 누가복음에 나오지 않는다. 행 13:50; 17:5-7,13; 21:17이하). 로마의 정치 지도자 빌라도는 예수의 무죄를 세 번 증거하고(비교, 눅 23:4,14이하,22) 그의 석방을 주장한다(비교. 눅 23:16,20,22). 그래서 유대인들이 예수의 죽음에 책임이 있는 자로 등장한다. 바울은 로마 시민으로 표현된다(비교 행 25:8). 그의 로마 시민권은 국가 행정당국에 의해 받아들여진다(행 16:37이하; 22:25이하).

누가는 국가에 대하여 교회 공동체 봉사와 생활을 위해 필요로 하는 자유공간을 확보하기를 원한다. 누가에게서는 그리스도인들이 행정당국과 관련하여 충성되게 행동하는 것이 국가를 넘어서는 것으로 표현된다. 그러한 이해가 그릇된 사회 현상에 대한 비판을(비교, 눅 3:19; 13:32이하) 방해하지 않는다.

사도행전 5: 29
베드로와 사도들이 대답하여 이르되 사람보다 하나님께
순종하는 것이 마땅하니라

이외에도 누가 공동체 내에서는 그 정체 규명이 어려운 거짓

교사들과의 논쟁의 문제점들이 있었다(비교, 행 20:29-30). 누가는 올바른 가르침의 전승들과 연속성을 지시하며 거짓 가르침에 대면한다(행 20:27-28). 실제로 첨예한 핍박의 상황을 누가는 전제로 하고 있지 않다. 오히려 지역적인 침체와(비교, 행 13:45,50; 14:2,5,19; 16:9이하; 17:5이하. 13:18,12,17; 19:9, 23-40) 유대공회와 로마 당국자들 사이의 긴장관계 사이에 놓인 공동체의 위협에 직면하여 열려진 신앙고백을 호소한다(비교, 눅 12:1-12).

2 과

탄생 : 베들레헴

예수님의 탄생 (눅 2:1-20)

본문으로 들어가기

대그룹 모임 ┃ 5분

【 찬양 】 5분

찬송가 120장
오 베들레헴 작은 골

1. 오 베들레헴 작은 골 너 잠들었느냐, 별들만 높이 빛나고 잠잠히 있으니, 저 놀라운 빛 지금 캄캄한 이 밤에, 온 하늘 두루 비춘 줄 너 어찌 모르나

2. 온 세상 모든 사람들 잠자는 동안에, 평화의 왕이 세상에 탄생하셨도다, 저 새벽별이 홀로 그 일을 아는 듯, 밤새껏 귀한 그 일을 말없이 지켰네

3. 오 놀라우신 하나님 큰 선물 주시니, 주 믿는 사람 마음에 큰 은혜 받도다, 이 죄악 세상 사람 주 오심 모르나, 주 영접하는 사람들 그 맘에 오시네

4. 오 베들레헴 예수님 내 맘에 오셔서, 내 죄를 모두 사하고 늘 함께 하소서, 저 천사들의 소식 나 기뻐 들으니, 오 임마누엘 예수님 내 맘에 오소서 아멘

【 성경 읽기 】 5분

문맥 ❶ 사복음서에서 예수님 수태고지와 탄생

내용	마태	마가	누가	요한
세례요한 탄생예고			1:5-25	
예수님 탄생예고 - 마리아			1:26-38	
마리아가 엘리사벳을 방문			1:39-56	
세례요한 탄생			1:57-80	
예수님 족보	1:2-17		(3:23-28)	
예수님 탄생예고 - 요셉	1:18-23		(2:1-7)	
예수님 탄생	1:24-25		2:1-7	(7:41-42) 예수님 출신 논쟁
아기 예수님께 경배	2:1-12 동박박사들		2:8-20 목자들	7:41 갈릴리? 7:42 베들레헴? [삼하 7:12이하; 미 5:2] *마 2:22-23 [사 7:14] *눅 1:26; 2:4

문맥 ❷ 누가복음에서 예수님 수태고지와 탄생(1:5-2:40)

1:5-80 예수와 세례요한

1:5-25	세례요한의 탄생 예고 (사가랴가 말 못하는 자 됨)
1:26-38	예수님의 탄생예고 - 갈릴리 나사렛이란 동네
1:39-45	마리아가 엘리사벳을 방문(Benedictus qui venit 1:42-45), 유대 한 동네
1:46-56	마리아의 찬가 (Magnificat anima mea Dominum 1:46-55)
1:57-66	세례 요한의 탄생, 온 유대 산골
1:67-80	사가랴의 예언(사가랴의 찬송 1:68-80), 빈 들

2:1-20 예수님의 탄생과 목자들의 방문

2:1-7	예수님의 탄생, 천하(1), 수리아(2), 각각의 고향(3), 갈릴리 나사렛(4), 유대(4), 베들레헴(4), 다윗의 동네(4), 구유(7), 여관(7)
2:8-20	목자들의 방문, 양 떼(8), 다윗의 동네(11), 높은 곳(14), 땅(14), 하늘(15)

배경

　누가는 예수님과(눅 2:1-20) 세례요한의 탄생보도(눅 1:57-80)를 병행하여 예수님의 탄생보도를 부각시킨다. 천하의 호구조사는 예수님의 탄생이 우주적인 중요성을 지님을 나타낸다(2:32). 이웃과 친족(1:58), 박사들이(마 2:1) 아니라 목자들이 예수님 탄생의 증인으로 등장하여 높고 귀한 자들과 낮고 천한 자들 모두를 구원의 대상으로 삼으시고, 몸소 낮은 데로 임하셔서(12절, 7절) 믿는 자들을 구원하시는 예수님의 수난을 통한 구원의 여정이 암시된다. 본 단락은 예수님의 탄생(1-7절)과 목자들의 경배(8-12 주의 사자의 증언, 13-14 천사들의 찬양, 15-17 목자들의 목격과 증언, 18-19 청중과 마리아의 반응, 20 목자들의 찬양)로 구성된다. 예수님께서 '너희를 위한 구주, 곧 그리스도 주'시라는 천사를 통한 신앙 고백적인 현재 형태의 증언이 그 중심에 위치하며(11절), 아기 예수의 탄생은 구약의 메시아 예언의 종말론적 성취를 알리는 표적(12절)이며 복음으로 이해된다(10절). 그 중심 내용이 천사들과 목자들에 의해 그리스도 신앙 고백적 증언과 찬양으로 반복된다. 아우구스투스(Cae-sar Augustus, Gaius Octavius, 주전 43 - 주후 14년 통치)가 로마제국의 제정문제를 해결하고자 제국 전체 자원을 등록시키는 관청을 세우고 제국의 전역 여러 속주들에서 광범위한 인구조사를 시행했을 것이다. 유대지역에서는 예수님 탄생 시기에 로마 당국이 이미 명령한(주전 8-6년) 지시에 따라 헤롯대왕이 유대지역에서 호구 등록을 실시했을 것이다. 로마 황제 직속인 속주 수리아(시리아)에 병합된 주후 6년에도 수리아의 총독 구레뇨에 의해 유대 땅에 인구조사가 실시된다(행 5:37). 아우구스투스는 평화(pax Augusta)를 위한 제단을 로마에 세우며 자신을 구원자로 신격화하였으나 하나님에 의해서만 가능한 참된 평화는 이제 예수 그리스도의 탄생으로 하나님께서 기뻐하시는 사람들 가운데 임하고 있다(14절).

내용

'그 때에'는 구원 역사의 흐름에 관심을 갖는 누가가 즐겨 사용하는 표현이다(눅 1:5,7,18,39; 2:1; 4:2, 25; 6:12; 17:26,26, 28; 24:18; 행 1:15; 2:18; 5:37; 7:41; 9:37; 13:41). 세례 요한이 빈들에 머물며 이스라엘에 나타나는 '날'과 직접 연결되며, 메시야 예언의 종말론적 성취의 때를 말한다(1-2절). 조상 대대로 살던 고향으로 직접 찾아가 행하는 호구 등록에 따라 다윗의 후손인 요셉도 정혼한 마리아와 함께 유대 땅 베들레헴으로 간다 (3-4절). '올라간다'는 표현은 유대를 향해 가는 구약성경의 관용어이다(사 7:6; 왕하 18:13; 삼하 2:1 등). 마리아의 잉태가 '이미' 되어진 사실임을 기록하므로 성령에 의한 동정녀 탄생이 강조되고(5절), 사건의 역사성은 '거기 있을 그 때에 해산할 날' 이라는 장소와 시간의 반복된 언급으로 더 명확해진다(6절, 참조. 미 5:2). 여관에 이용할 공간이 없고 적절하지 않아 아기 예수님은 강보에 싸여 농부의 가정 마구간 안 짐승들의 먹이를 담는 통인 구유에 뉘어진다(7절). 바로 그 때 베들레헴 지역의 성읍 밖에서 주의 사자가 양 떼를 지키는 비천한 목자들을 방문한다. 목자는 베들레헴 출신의 다윗 왕을 상기시키며(삼상 16:11;

17:15; 시 78:70; 비교. 미 4:8), 다윗의 자손으로 태어나시는 예수님의 왕권을 강조한다(눅 1:32). 하나님의 영광의 빛이 전 지역을 두루 비치고 하나님의 현현 앞에서 목자들은 두려움으로 반응한다(8-9절). 주의 사자가 모든 백성을 구원할 큰 기쁨의 복음, 너희를 위한 구원자, 그리스도 주의 탄생이 '오늘' 임하였음을 선포한다. '오늘'은 다윗언약과 관련된 종말론적 구원이 현재적으로 성취되고 있음을 강조한다(눅 4:21; 5:26; 12:28; 13:32, 33; 19:5, 9; 22:34, 61; 23:43)(10-12절). 이어서 갑자기 등장한 천사들의 무리가 메시아의 평강의 도래를 고백적인 찬송으로(시 148:2; 계 5:9-10) 증언한 후 다시 하늘로 떠나간다. 이 땅에서 '하나님께서 기뻐하심을 입은 사람들 가운데' 임하는 예수님의 평화는 개인과 사회, 우주에 포괄적으로 관련되는 구약의 '샬롬'(시 29:11; 렘 16:5; 겔 34; 25-31)의 상태로 구원의 총체를 말한다(13-15a절). 천사들이 떠난 후 목자들이 주의 사자가 약속한 '표적'을 보고자 베들레헴으로 급히 달려가 구유에 누인 아기를 직접 보고 그들이 듣고 경험한 것을 전하여 증언한다(15b-17절). 증언을 들은 자들이 하나님의 임재에 대해 놀라고 마리아는 이 일을 마음에 새기며(1:66), 목자들은 천사들이 하였듯이 하나님께 영광을 돌리고 찬송하며 자신들의 일터로 돌아간다(18-20절).

【 성지 읽기 │ 5분

❶ 베들레헴

예수님 탄생 교회

목자들의 들판 교회

❷ 헤로디온

❸ 가이사랴

【 성경과 성지 이해

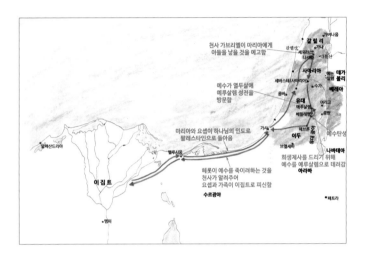

1. 위의 두 지도에서 마태복음을 참조하며 누가복음에 기록된
   예수님의 탄생 여정을 그려봅시다.

2. 마리아가 천사 가브리엘로부터 수태고지를 받은 지역은 어디
   입니까? 지도에 표를 해봅시다. (1:25이하)

3. 헤롯이 가이사 아구스도를 기념하여 명명한 도시는 어느 도
   시이고 어디에 있습니까?(2:1)

히브리어	קֵיסָרְיָה
표준 공식	Keisarya Qesrya
지구	하이파
좌표	32°30'N 34°54'E
인구	4,400 (2006)
관할 지역	35,000 dunams (35㎢ 14평방마일)

* http://en.wikipedia.org/wiki/Caesarea_Maritima

4. 요셉이 아이를 잉태 중인 마리아를 데리고 갈릴리 나사렛 동
   네에서 베들레헴으로 간 이유는 무엇입니까?(2:1-7)

행정 구역	베들레헴
좌표	하이파
좌표	31°42'11″N 35°11'44″E
인구	25,266 (2007)
웹사이트	www.bethlehem-city.org

* http://en.wikipedia.org/wiki/Bethlehem

5. 예수님의 탄생시기에 이스라
   엘의 정치 지형도를 그려봅
   시다. (1:5이; 2:1; 3:1)

6. 누가복음에 기록된 예수님의 탄생에 관한 다음 내용 중 괄호
   안에 지명을 채우고 지도에서 찾아봅시다.

예수님의 탄생 예고 1:26-38

²⁶여섯째 달에 천사 가브리엘이 하나님의 보내심을 받아
(갈릴리 나사렛)이란 동네에 가서 ²⁷다윗의 자손 요셉이라
하는 사람과 약혼한 처녀에게 이르니 그 처녀의 이름은 마
리아라

마리아가 엘리사벳을 방문 1:39-45

³⁹이 때에 마리아가 일어나 빨리 산골로 가서 (유대 한 동

네)에 이르러 [40](사가랴의 집)에 들어가 엘리사벳에게 문안하니

세례 요한의 탄생 1:57-66

[60]그 어머니가 대답하여 이르되 아니라 요한이라 할 것이라하매 [63]그가 서판을 달라 하여 그 이름을 요한이라 쓰매 다놀랍게 여기더라 [65](그 근처에 사는) 자가 다 두려워하고이 모든 말이 (온 유대 산골)에 두루 퍼지매

사가랴의 예언 1:67-80

[69]우리를 위하여 구원의 뿔을 그 종 (다윗의 집)에 일으키셨으니 [80]아이가 자라며 심령이 강하여지며 이스라엘에게나타나는 날까지 (빈 들)에 있으니라

예수님의 탄생 2:1-7(마 1:18-25)

[1]가이사 아구스도의 영을 내려 천하로 다 호적하라 하였으니 (구레뇨가 수리아 총독이 되었을 때에 처음 한 것) [3]모든 사람이 호적하러 각각 고향으로 돌아가매 [4]요셉도 다윗의 집 족속이므로 (갈릴리 나사렛 동네)에서 (유대)를향하여 (베들레헴)이라 하는 다윗의 동네로 [5]그 약혼한마리아와 함께 호적하러 올라가니 마리아가 이미 잉태하였더라 [7]첫아들을 낳아 강보로 싸서 (구유)에 뉘었으니 이

는 (여관)에 있을 곳이 없음이러라

목자들의 아기 예수님 방문 2:8-20

[8]그 지역에 목자들이 밤에 밖에서 자기 (양 떼)를 지키더니
[11]오늘 (다윗의 동네)에 너희를 위하여 구주가 나셨으니 곧
그리스도 주시니라 [12]너희가 가서 강보에 싸여 (구유)에
뉘어 있는 아기를 보리니 이것이 너희에게 표적이니라 하더
니 [15]천사들이 떠나 (하늘)로 올라가니 목자가 서로 말하
되 이제 (베들레헴)으로 가서 주께서 우리에게 알리신 바
이 이루어진 일을 보자 하고

성지 묵상 나누기

소그룹 모임 | 35분

【 **묵상** | 10분

【 **시청각 나눔** | 10분

【 **개인·교회·세상에 적용하기** | 10분

【 **소그룹 마무리** | 5분

마무리하기
대그룹 ㅣ 10분

【 **조별 발표** ㅣ 5분

【 **다음 묵상과 성지답사 및 기타 안내** ㅣ 5분

> **나사렛**(마리아수태고지교회, 요셉교회, 회당교회)
> **나사렛 빌리지**(예수시대 생활 재현)
> **찌포리**(세포리스)
> **가나혼인잔치기념교회**

엘리사벳의 축복송
Benedictus qui venit(눅 1:42-45)

42 큰 소리로 불러 이르되 여자 중에 네가 복이 있으며 네
   태중의 아이도 복이 있도다

43 내 주의 어머니가 내게 나아오니 이 어찌 된 일인가

44 보라 네 문안하는 소리가 내 귀에 들릴 때에 아이가 내
복 중에서 기쁨으로 뛰놀았도다
45 주께서 하신 말씀이 반드시 이루어지리라고 믿은 그 여
자에게 복이 있도다

마리아의 찬송
Magnificat anima mea Dominum(눅 1:46-55)
46 마리아가 이르되 내 영혼이 주를 찬양하며
47 내 마음이 하나님 내 구주를 기뻐하였음은
48 그의 여종의 비천함을 돌보셨음이라 보라 이제 후로는
만세에 나를 복이 있다 일컬으리로다
49 능하신 이가 큰 일을 내게 행하셨으니 그 이름이 거룩하
시며
50 긍휼하심이 두려워하는 자에게 대대로 이르는도다
51 그의 팔로 힘을 보이사 마음의 생각이 교만한 자들을 흩
으셨고
52 권세 있는 자를 그 위에서 내리치셨으며 비천한 자를 높
이셨고
53 주리는 자를 좋은 것으로 배불리셨으며 부자는 빈 손으
로 보내셨도다
54 그 종 이스라엘을 도우사 긍휼히 여기시고 기억하시되
55 우리 조상에게 말씀하신 것과 같이 아브라함과 그 자손
에게 영원히 하시리로다 하니라

3과

성장 :
나사렛

예수님이 자라신 곳
(눅 2:21-40)

본문으로 들어가기
대그룹 모임 | 5분

【 찬양 】 5분

찬송가 560
주의 발자취를 따름이

1. 주의 발자취를 따름이 어찌 즐거운 일 아닌가
   맘에 맑은 하늘 열리고 밝은 빛이 비친다
2. 주의 발자취를 따름이 어찌 행복한 일 아닌가
   맘에 악한 생각 사라져 밝은 마음 싹튼다
3. 주의 발자취를 따름이 어찌 든든한 일 아닌가
   맘에 두려움은 사라져 새로운 힘 솟는다

후렴   발자취를 따라 가자 기쁜 마음으로
       발자취를 따라 가자 찬송하며 즐겁게. 아멘

【 성경 읽기 】 5분

문맥 ❶ 사복음서에서 예수님의 어린 시절

내용	마태	마가	누가	요한
예수님의 어린 시절				
아기예수님의 정결 예식, 시므온과 안나			2:21-38	
이집트 피신과 귀환	2:13-18			
갈릴리 나사렛으로 귀환	2:19-23		2:39	
나사렛에서 예수님의 어린 시절	2:22-23		2:40	
열두 살 예수님의 예루살렘 방문과 가르침			2:41-52	

문맥 ❷ 누가복음에서 예수님의 어린 시절

2:21-38   예루살렘에서 아기 예수님의 정결예식 - 예루살렘
(22), 산비둘기, 집비둘기(24), 성전(27)
시므온의 찬송(2:29-32) - 예루살렘(25), 시므온
의 예언(2:34-35), 안나(84세) - 성전

2:39   갈릴리 나사렛으로 귀환

2:40   나사렛에서 예수님의 어린시절

2:41-51   열두 살 예수님의 예루살렘 방문과 가르침 - 내 아
버지의 집(49), 나사렛 귀환(51)

2:52   어린 예수님의 성장

배경

족장 시대 이래로 유대역사에서 아기가 태어난 후 제8일에 행하는 할례는 하나님의 백성이라는 언약공동체에 속하게 되는 의식이다(창 17:11-12; 21:4; 레 12:3; 갈 5:3; 고후 3:5). 구약의 족장시대에 아기의 이름은 출생 시에 부여되었고, 후대에 이르러 할례 시에 작명을 했다. 헬라세계에서도 출생 후 8-10일에 아기의 이름이 부여된다. 모세의 율법에 따르면 산모는 남아를 출산한 경우 33일의 정결의 기한이 찬 후에 번제물과 속죄제물을 가지고 성전에 가고 제사장이 속죄의식을 마친 후에 산모가 정결하게 된다(레 12:1-8). 번제를 위하여 어린 양을, 속죄제를 위하여 집비둘기 새끼나 산비둘기를 준비해야 했고, 가난한 자에게는 어린 양 대신에 산 비둘기 두 마리와 와 집비둘기 두 마리가 각기 번제와 속죄제물로 요구되었다. 첫 태에 처음 태어난 남자아이는 여호와의 것으로 돌려졌다(출 13:2,12). 메시야를 대망하고 있던(사 52:9) 이 본문의 등장인물인 시므온은 성전직무와 관련되었던 유대교의 종교적 '의'에 충실한 제사장으로 추측되며, 안나는 북왕국에 속한 지파출신으로 유대적 경건을 모범적으로 실현하는 과부 선지자로 명기되고 있다(삿 4:4; 출 15:20; 딤전 5:3-16). 성전에서 남녀가 조화롭게 봉사 직무를 수행했음을 엿볼 수 있다(참조. 눅 1:5-38; 4:25-27; 7:36-50; 15:3-10).

본 단락은 예수님이 받으시는 할례와 이름(21절), 예수님 가족의 성전 정결의식(22-24절), 시므온의 찬양과 선포(25-35절:

인물소개 25-26, 만남 27-28a, 찬양 28b-32, 부모의 반응 33,
축복과 선포 34-35), 안나의 감사와 선포(36-38절: 인물소개
36-37, 감사와 선포 38), 예수님 가족의 나사렛 귀환(39절), 예
수님의 성장(40절)으로 구성된다.

내용

예수님은 유대 관습에 따라 탄생 이후(2:6) 팔일 만에 이스
라엘 백성과 하나님의 언약의 표징으로 할례를 받는다(창
17:10). 천사 가브리엘이 마리아에게 이른 대로 아기의 이름을
'예수'라 명명한다(1:31). 마태의 보도에 따르면 "이는 그가 자기
백성을 그들의 죄에서 구원할 자이심"을 말한다(마 1:21, 25)(21
절). 예수님의 부모가 아기 예수님을 데리고 결례를 행하고(레
12:2-6, 8; 5:11), 맏아들로 태어난 아기 예수님이 성전에서 하
나님께 드려지고 성전을 위해 성별되도록 하기 위해 예루살렘으
로 향한다(느 10:35-36; 출 13:2, 12; 22:29; 삼상 1:28)(22-24
절). 예수님의 부모님과 아기 예수께서 성전에 들어갈 때에 시므
온과 안나를 만난다. 시므온은 유대교 틀 안에서 종교적으로 바
른 의롭고 경건한 자이며 '이스라엘의 위로'를 기다리는 자로 성
령이 그와 함께 하셨다(25-26절). 성령의 감동을 받아 아기 예
수님이 그가 기다리던 주가 예수님임을 알아보고, 그를 안고 자
신의 직무가 그리스도의 탄생으로 평화 가운데 종결됨을 감사하
며 하나님을 찬송한다. "내 눈이 주의 구원을 보았다"(27-30
절). 시므온은 예수님의 탄생으로 이스라엘과 이방 백성들 모두
앞에 하나님께서 예비하신 온 우주에 걸친 보편적인 구원이 임하

였음을 선포하여 증언한다. 예수님은 이방인들을 이교도의 어둠 가운데서 이끌어 내시는 빛이고(사 42:6; 49:6), 하나님의 백성인 이스라엘에게는 영광이다(사 60:1-2; 58:8)(31-32절). 시므온의 찬양과 증언에 놀라는 예수님의 부모를 시므온이 축복하고(삼상 2:20; 민 6:23) 어머니 마리아를 향해 장차 일어날 일을 알린다. 예수님이 이스라엘 백성 가운데 그를 믿는 자에게는 구원과, 그를 안 믿는 자에게는 심판의 표적이 될 것이다(33-34절). 사람들의 실상이 드러나며 십자가의 수난에서 절정에 이를 '여호와의 고난 받는 종' 예수님을 향한 비방과 배척으로 마리아는 극심한 괴로움을 받을 것이다(시 22:21; 슥 12:10; 13:7)(35절). 금식하고 기도하며 주야로 성전을 지키던 과부 선지자 안나도 아기 예수님을 만나 하나님께 감사하며 그리스도의 구원, 이스라엘의 자유를 기다리는 모든 자들을 향해 아기 예수님에 대해 선포한다(36-38절). 예수님의 부모는 결례의식을 다 마치고 나사렛으로 돌아간다(39절). 아기 예수님은 충만한 지혜와 임재하시는 은혜 가운데 성장한다(40절).

【 성지 읽기 | 5분

❶ 나사렛(눅 2:24)

마리아수태고지교회(눅 1:25)

요셉교회(눅 2:1-7; 마 1:18-23; 2:13-21)

회당교회(눅 4:14-15; 마 4:12-17; 막 1:14-15)

❷ 나사렛 빌리지　(현재 예수님 시대 생활의 재현 장소, 눅 1:26; 2:4 등)

❸ 찌포리(세포리스)

❹ 가나혼인잔치기념교회(요 2:1-11)

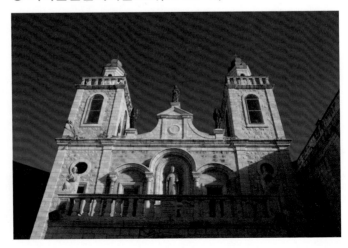

【 성경과 성지 이해

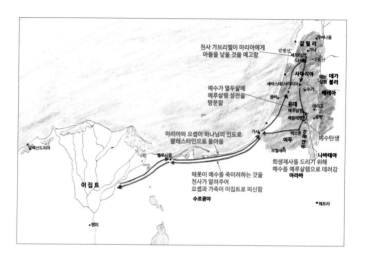

1. 위의 지도에서 누가복음에 기록된 예수님의 정결예식(2:22)
   과 어린 시절의 예루살렘 여행 여정을 그려봅시다.

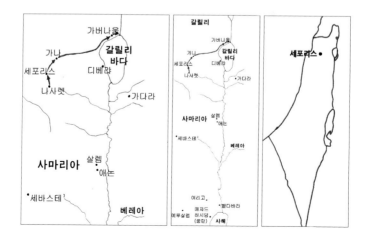

2. 앞의 지도에서 갈릴리지역에서 유대인들의 종교와 생활의 중
   심지로 나사렛에서 북서쪽으로 6km에 위치한 '세포리스'를
   찾아봅시다. (2:41, *기독교 전승에 따르면 마리아의 부모, 안
   나와 요아킴의 고향)

3. 아기 예수님의 정결예식을 위해 양 대신에 산비둘기 한 쌍이
   나 혹은 어린 집비둘기 둘이 사용된 이유는 무엇입니까?
   (눅 2:22-24; 출 13:12,12; 레 12:8; 5:11)

4. 요한복음에 따르면 갈릴리 지역에서 행하신 첫 표적의 장소는
   어디입니까? 아래 지도에서 찾아봅시다.

5. 누가복음에 기록된 예수님의 어린 시절에 관한 다음 내용 중
   괄호 안에 지명과 인명을 채우고 지명을 지도에서 찾아봅시다.

아기 예수님의 정결예식 2:22-40

²²모세의 법대로 정결예식의 날이 차매 아기를 데리고 (예
루살렘)에 올라가니(레 12:2-6) ²⁵(예루살렘)에 (시므
온)(의롭고 경건하여 이스라엘의 위로를 기다리는 자라 성
령이 그 위에 계시더라) ³⁶또 아셀 지파 바누엘의 딸 (안
나)라 하는 선지자가 있어 나이가 매우 많았더라 ³⁹주의
율법을 따라 모든 일을 마치고 (갈릴리)로 돌아가 본 동네
(나사렛)에 이르니라 ⁴⁰아기가 자라며 강하여지고 지혜가
충만하며 하나님의 은혜가 그의 위에 있더라

열두 살 예수님의 예루살렘 방문과 가르침 2:41-52

⁴¹그의 부모가 해마다 유월절이 되면 (예루살렘)으로 가더
니 ⁴²예수께서 열두 살 되었을 때에 그들이 이 절기의 관례
를 따라 올라갔다가 ⁴³그 날들을 마치고 돌아갈 때에 아
이 예수는 예루살렘에 머무셨더라 ⁴⁹예수께서 이르시되 어
찌하여 나를 찾으셨나이까 내가 (내 아버지 집)에 있어야
될 줄을 알지 못하셨나이까 하시니 ⁵⁰그 부모가 그가 하신
말씀을 깨닫지 못하더라 ⁵¹예수께서 함께 내려가사 (나사
렛)에 이르러 순종하여 받드시더라 그 어머니는 이 모든
말을 마음에 두니라

성지 묵상 나누기
소그룹 모임 | 35분

【 묵상 | 10분

【 시청각 나눔 | 10분

【 개인·교회·세상에 적용하기 | 10분

【 소그룹 마무리 | 5분

마무리하기
대그룹 모임 | 10분

【 조별 발표 】 5분

【 다음 묵상과 성지답사 및 기타 안내 】 5분

> 이즈르엘 벨리, 다볼산, 요단강 세례장소, 쿰란, 사해 해변,
> 유대광야 전망대, 텔벧산(데카폴리스=데가볼리),
> 갈릴리 해변

4과

공생애 :
갈릴리, 요단강,
유대광야

시험 받으시다
[눅 4:1-13]

본문으로 들어가기
대그룹 모임 | 5분

【 찬양 | 5분

찬송가 350장
우리들이 싸울 것은

1. 우리들이 싸울 것은 혈기 아니오 우리들이 싸울 것은 육체 아니오 마귀권세 맞서 싸워 깨쳐 버리고 죽을 영혼 살릴 것일세

2. 우리들이 입은 갑옷 쇠가 아니오 우리들이 가진 검은 강철 아니오 하나님께 받아가진 평화의 복음 거룩하신 말씀이로다

3. 악한 마귀 제 아무리 강할지라도 우리들의 대장 예수 앞서 가시니 주저 말고 용감하게 힘써 싸우세 최후승리 얻을 때까지

4. 죄악 중에 빠진 사람 죄를 뉘우쳐 십자가에 달린 예수 믿기만 하면 위태한데 빠진 영혼 구원 얻어서 천국 백성 될 것임일세

후렴　한 마음으로 힘써 나가세 한 마음으로 힘써 싸우세
　　　악한 마귀 군사들과 힘써 싸워서 승전고를 울리기까지

【 성경 읽기 】 5분

문맥 ❶ 사복음서에서 세례 요한의 활동, 예수님 수세·족
보·시험

내용	마태	마가	누가	요한
세례 요한의 활동과 예수님의 수세				
세례 요한의 등장	3:1-6 (11:10, 4:17)	1:2-6 (1:14-15)	3:1-6 (7:27)	1:19-23
세례 요한의 회개설교	3:7-10		3:7-9	
세례 요한의 신분(Stand) 설교			3:10-14	
세례 요한을 통한 메시아 예고	3:11-12	1:7-8	3:15-18	1:24-28
세례 요한의 수감	14:3-4	6:17-18	3:19-20	
예수님의 수세	3:13-17 (17:5)	1:9-11 (9:7)	3:21-22 (9:35)	1:29-34 (12:28-30)
예수님의 족보	1:1-17		3:23-28	
예수님이 시험 받으심	4:1-11	1:12-13	4:1-13	(1:51)

내용	마태	마가	누가	요한
(요한복음에 따른) 예수님의 첫 번째 활동				
처음 제자들을 부르심	(4:18-22; 16:17-18)	(1:16-20; 3:6)	(5:1-11; 6:14a)	1:35-51
가나의 혼인잔치				2:1-11
가버나움 체류				2:12
첫 번째 예루살렘 여행				2:13
성전정화	21:12-13 (21:23-27; 26:60b-61)	11:15-17 (11:27-33; 14:57-58)	19:45-46; 20:1-8	2:14-22
예루살렘 활동				2:23-25
니고데모와의 대화	(22:16; 18:3)	(12:13-14; 10:15)	(20:20-21; 18:17)	3:1-21
유다여행				3:22
세례 요한의 증언	(9:15)	(2:19-20)	(5:34-35)	3:23-36

문맥 ❷ 누가복음에서 세례 요한의 활동·예수님의 수세·
      족보·시험(공생애 사역의 준비)

3:1-20 세례요한의 활동

디베료 황제가 통치한지 열 다섯해,

본디오 빌라도(유대의 총독), 헤롯(갈릴리의 분봉왕),

빌립(이두래와 드라고닛 지방의 분봉왕),

루사니아(아빌레네의 분봉왕)(1절)

안나스, 가야바, 대제사장(2절)

빈들, 요단강 부근 각처(4절)

작은 산, 험한 길(5절), 곳간(17절)

요한이 헤롯에 의해 옥에 갇힘(20절)

3:21-4:44 성령으로 충만한 하나님 아들 예수에 대한 증언

3:21-4:13　예수님의 준비기간

　　3:21-22　　예수님의 수세, 하늘, 비둘기

　　3:23-38　　예수님이 30세에 교육시작, (23) 예수님의

　　　　　　　족보

　　4:1-13　　시험을 받으심,

　　　　　　　요단강에서 돌아와 광야에서 40일간

　4:14-44　회당에서 교사로서 예수님의 활동 시작

배경

　신약성경에서 광야(ἔρημος)는 황폐하고 거칠며 쓸쓸한 장소를 말한다. 물이 없어서 사람이 거주하지 않는 장소(마 24:26) 혹은 가축 떼를 먹일 수 있는 들판(눅 15:4)일 수 있다. 지리적으로 돌이 많고 식물이 자라지 않는 유대 산 동쪽 비탈진 기슭인 유대광야로(마 3:1 세례요한; 참조 요 11:54 빈 들 가까운 에브라임이라는 동네) 사해와 요단강 하부와 대부분 나무가 없고 풀이 덮인 요단강가에 위치할 수 있다(Ἀραβά, 막 1:4 병행구). 혹은 아랍광야(행 7:30 시내반도 영역)를 지칭하기도 하나 여기서

는 전자에 속한다. 그 곳은 세례요한에게 하나님의 말씀이 임한 장소이며(눅 3:2) 그의 활동지로(막 1:4 병행//마 3:1; 눅 7:24; 마 11:7) 구약의 선지자들과 관련된다(사 40:3). 이 광야에서 예수님의 공생애 여정이 시작된다. 요단강에서 세례를 받으신 후 성령으로 이끌리시어 요단강 낮은 지대에서 높은 쪽 유대 광야로 내몰리시고(마 4:1; 막 1:12) 광야에서 40일 동안 마귀의 시험을 받으신다. 광야는 하나님께 가깝게 다가가는 장소이며 동시에 사탄과 맞대면하는 장소이다.

　　예수님께서 광야에서 받은 40일간의 시험은 모세의 인도로 애굽을 탈출하는 이스라엘 백성들이 40년 동안 겪은 하나님 임재와 신실하심에 대한 경험을 상기시킨다(행 13:18; 히 3:7-11,15-19; 고전 10:1-13; 신 8:2,3; 9:9). 광야에서 시작되는 메시아적 구원에 대한 기다림(계 12:6,14)은 선지자들의 약속(사 40:3; 렘 31:2; 겔 34:25; 호 2:16)과도 연결된다. 과거의 열심당(참조 행 21:38 "소요를 일으켜 자객 사천 명을 거느리고 광야로 가던 애굽인…", 마 24:26 "보라 그리스도가 광야에 있다")과 같이 광야에서 메시아 운동이 펼쳐진다. 하나님의 은혜의 장소로 광야는 금욕주의자들과 선지자들의 거주지이기도 하다(눅 1:15,80; 7:25). 세례요한은 자라며 심령이 강하여지며 이스라엘에게 나타나는 날까지 빈 들에 거주한다(눅 1:80). 예수님께서는 세례 요한과 관련하여 사람들을 향해 "너희가 무엇을 보려고 광야에 나갔더냐 바람에 흔들리는 갈대냐"라고 반문하신다.

　　광야는 물이 없어서 사람이 거하지 않고 더러운 귀신이 돌아다니는 사탄의 장소이기도 하다(눅 8:29; 참조 12:43 병행구).

　　본 단락에 나오는 마귀는 구약성경에서 사탄(שָׂטָן)으로 표현

되며 하나님을 대적하는 자를 뜻하고(욥 1:6-12; 2:1-7) 신약성
경에서 귀신(διάβολος, ὁ 눅 4:2,3,6,13; 8:12 등) 혹은 사탄
(σατάν, ὁ 눅 10:18; 11:18; 13:16; 22:3, 31 등)으로 구별없이
사용된다. 귀신과 유사한 의미로 '악한 자'(πονηρός, 마 13:19),
'원수'(ἐχθρός, ὁ, 마 13:39), 그 밖에 '공중의 권세 잡은 자'(τὸν
ἄρχοντα τῆς ἐξουσίας τοῦ ἀέρος, 엡 2:2), '이 세상의 임금'(ὁ
τοῦ κόσμου ἄρχων, 요 14:30), '벨리알'(Βελιάρ, ὁ, 고후 6:15)
이 언급된다. '바알세불'(Βεελζεβούλ, ὁ, 눅 11:15)은 귀신의 통
치자(ὁ ἄρχων τῷ ἄρχοντι τῶν δαιμονίων)를 지칭한다. 귀신
에 관한 이해는 창세기 6:1-4의 천사('하나님의 아들들')의 타락
과 관련된다. 천사의 타락 이전에 귀신이 하나님께 사람들을 고
발한다(계 12:10; 욥 1:9-11; 2:4 이하). 귀신에 대항한 자는 천
사장 미가엘이다(ὁ δὲ Μιχαὴλ ὁ ἀρχάγγελος, 유 9; 계 12:7-
9). 귀신이 인간에게 병을 줄 수 있고(행 10:38; 고후 12:7-9) 죽
음의 세력이 되기도 한다(히 2:14; 계 20:10,13이하). 유혹하는
자로 인간을 멸망시키고 하나님께 불순종하게 한다(마 4:1,5,
8,11; 눅 4:2,3,6,13; 계 2:10; 12:9; 20:10). 그가 가라지를 심
고(마 13:39) 하나님의 말씀의 좋은 씨를 빼앗으며(눅 8:12) 올
무를 놓고(딤전 3:7; 딤후 2:26) 처음부터 살인자, 거짓말쟁이,
거짓의 아비(요 8:44; 요일 3:8)로 죄를 짓게 하고(요일 3:8) 유
다를 배신자로 만들며(요 13:2) 교만하게하고(딤전 3:6) 형제를
미워하게 한다(요일 3:10). 유혹에 넘어가는 자는 마귀의 자녀
(요 8:44; 행 13:10; 요일 3:8,10), 마귀가 된다(요 6:70; 마
16:23 병행구). 그러므로 그리스도인은 용감하게 마귀에게 맞서
야 한다(엡 4:27; 6:11; 약 4:7; 벧전 5:8 이하). 그러면 마귀가

피할 것이다(약 4:7). 위협적인 마귀의 활동은 제한되어 있다(계 12:12). 천년왕국이 시작되기 전에 마귀는 1,000년 동안 결박당한다(계 20:2). 종말의 최종 전쟁(계 20:10) 곧 최후심판 후에 (마 25:41) 영원한 불에 멸망될 것이다(딤전 3:6). 이미 지금 세상에 대한 마귀의 권세가 무너졌다(참조. 요 12:31; 14:30; 16:11). 마귀의 일을 멸하시기 위하여 예수님께서 오셨기 때문이다(참조 요일 3:8c). 마귀 및 마귀의 귀신들과 투쟁 중에 있는 그리스도인들의 '영적무장'은 진리와 의, 예수님에 의한 구원을 믿는 믿음, 성령과 하나님의 말씀에 대한 순종 가운데 있다(엡 6:11-17). 순교자들은 "어린 양의 피와 자기들이 증언하는 말씀으로써" 마귀를 이겼다(계 12:11).

본 단락은 성령에 이끌리신 예수님의 광야생활(1-2절), 첫 번째 시험(3-4절), 두 번째 시험(5-8절), 세 번째 시험(9-12절), 마귀의 잠정적 퇴장(13절)으로 구성된다. 마태복음 4:1-11에서 예수님께서 시험받은 장소는 광야, 거룩한 성의 성전 꼭대기, 높은 산으로 바뀌었다. 그와 달리 누가복음은 예수님의 시험이 광야, 광야 높은 장소, 예루살렘 성전에서 절정에 이르러 예수님의 승리로 종결되는 것으로 보도한다.

내용

'성령'과 '요단강'의 언급은 3:21-22의 예수님의 세례 사건과 직접 연결된다(마 3:13-17; 막 1:9-11). 예수님께서는 집으로 돌아가지 않고 아주 새로운 방식으로 공생애를 시작한다. 자신의 의지가 아니라 하나님의 뜻에 따라 예수님께서 성령을 통하여

광야 가운데 이끌려 다니신다(1절). 자신의 욕심에 기인한 것이
아닌 하나님의 뜻에 따라 믿는 자들에게 주어지는 마귀
(διάβολος, ὁ, 마 4:1; 막 1:13은 σατάν, ὁ 을 사용한다.)의 시
험은('아브라함,' 창 22장; '요셉,' 창 39장; '욥,' 욥 1:6-12; 2:1-
7) 인내로 믿음을 지킨 자들에게 영생의 복을 주기 위함이다. "시
련을 견디어 낸 자가 주께서 자기를 사랑하는 자들에게 약속하
신 생명의 면류관을 얻을 것이기 때문이다"(약 1:12-13). 의인은
하나님의 시험을 받고자 간구하기도 한다(시 26:2; 139:23; 렘
20:12). '시험'(πειράζω)은 믿음의 검증 및 확증이며 동시에 멸
망에 이르는 유혹이라는 이중성을 갖는다. 궁극적인 승리와 영
광에 이르는 하나님의 통치의 시작은 고난과 수난을 함께 동반
한다. 예수님께서 받으신 40일 간의 광야 체류는 이집트를 탈출
한 이스라엘 백성이 젖과 꿀이 흐르는 땅에 들어가기 위해 겪어
야 했던 40년 동안의 광야생활을 상기시킨다(민 14:34; 겔 4:6).
사람들이 예수님를 향해 '먹기를 탐하고 포도주를 즐기는 사람'
으로 칭했으나(눅 7:34, 병행구 마 11:19) 광야에서 40일 간 예
수님께서는 아무것도 드시지 않는다(참조, 최후의 만찬 눅
22:16). 이는 종교적인 금식(νηστεύω, 눅 5:33)과 구별되며 오
히려 모세가 십계명을 받는 구약의 모형과 관련된다(출 34:28;
신 9:9). 결정적이고 종국적인 시간이 되어 예수님께서 육신의 배
고픔을 겪으신다(2절). 광야에서 예수님께서 받으신 시험 중 마
지막 시험의 첫 시험은 예수님의 배고픔에서 시작된다. 마귀는
예수가 하나님의 아들임을 인정하면서 그 특권을 독자적으로 사
용하여 하나님과의 관계성을 떠나 스스로의 권위로 만나의 기적
과 오병이어의 기적을 상기시키는 메시아적 기적을 보여 줄 것을

요구한다(3절). 예수님께서 하나님의 말씀으로 시험을 이기신다(신 8:3). 메시아적인 기적 행사와 일용할 양식이 주어지는 간구에 앞서 하나님의 나라를 먼저 구하며(눅 11:2; 눅 12:31) 하나님의 말씀에 순종하는 믿음이 중요하다(4절). 마귀가 단숨에 예수님을 위쪽으로 이끌어 천하만국(οἰκουμένη)을 보이며 자신의 광범위한 영향력을 과시한다(5절). 마귀는 세상의 주권자로 거짓 행세하며 천하만국의 '이 모든 권위와 영광'을 예수님께 넘겨줄 것을 제안한다. 세상에 악의 세력이 지배하는 듯 보이나 그것은 일시적이다. 세상의 참된 주권자는 하나님이시며 오직 아버지이신 하나님께서 아들로 오신 하나님 자신이신 예수님께 세상의 통치권을 부여하실 수 있다(단 7:13-14). 마태복음의 병행 구절 4:9의 '이 모든 것'의 표현을 누가복음은 '이 모든 권위와 영광'으로 달리 표현하므로 마귀의 세력의 헛됨과 권위와 영광을 쫓는 자들의 헛됨이 강조한다. 예수님께 주어질 메시아 영광은 고난을 전제한다(24:26)(6절). 마귀는 예수님께 헛된 권세인 자신에게 절할 것을 조건으로 내건다(7절). 예수님께서 "네 하나님 여호와를 경외하며 그를 섬기라"는 신명기 6:13의 말씀을 인용하여 마귀의 두 번째 시험을 물리친다(8절). 마귀가 예수님을 예루살렘으로 끌고 가 세운 성전 꼭대기가 어디인지는 불분명하다. 마귀가 예수를 하나님의 아들로 부르며 천하가 보이는 높은 장소에서 뛰어 내리라 명령하는 세 번째 시험은 예수님이 받으시는 시험의 절정으로 예루살렘 성전에서 일어날 예수님 수난의 절정을 예고한다(24:26)(9절). 예수님께서 하나님의 말씀으로 앞선 두 번의 시험을 이기셨다. 마귀는 이제 스스로 시편 91:11-12을 인용하며 의인을 보호하시는 하나님의 약속의 신실하심과 그 약속을 믿는 예수님을 시험하고자 한다. 하나님의 구원역사는 하나님의 잠정적인 보호가 아니라 예수님의 고난과 죽음을 통해 완성된다(10-11절). 예수님께서 "너희의 하나님 여호와를 시험하지 말라"는 신명기 6:16의 말씀으로 마지막 세 번째 마귀의 시험을 물리치신다. 이 말씀으로 예수님께서 하나님의 아들이심을 드러내시고 동시에 믿는 자들을 향해 믿음과 순종의 모범을 제시하신다(12절). 예수님의 전 사역은 마귀의 시험과 대면한다(22:28). 그러나 이 구절은 마귀 활동의 절정인 예수님의 십자가 수난을 고려하여(눅 22:3, 31, 53) 마귀가 예수님을 얼마 동안 떠난 것으로 설명한다. 누가복음은 시험이 끝난 후 천사들이 예수님을 수종하였다는 언급을 생략한다(참조, 막 1:13; 마 4:11)(13절).

【 성지 읽기 】 5분

❶ 이즈르엘 벨리(왕하 9:1-10)

❷ 다볼산

❸ 요단강 세례장소

❹ 쿰란

❺ 사해 해변

❻ 유대광야 전망대

❼ 텔벧산(데카폴리스=데가볼리)

❽ 갈릴리 해변

【 성경과 성지 이해

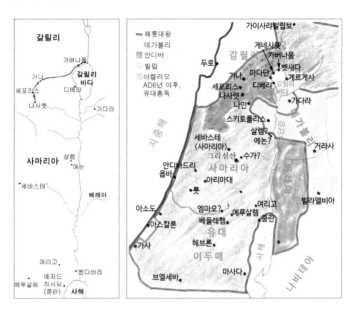

1. 위의 두 지도에서 누가복음에 기록된 요한이 세례를 베풀던
   장소와 예수님께서 세례를 받으시고 시험을 받으신 장소들을
   찾아봅시다. (사복음서 대조)

2. 위의 지도에서 세례 요한과 예수님의 사역 시기에 팔레스틴 지
   역의 행정 및 통치 구도의 변천을 파악해 봅시다. (1:5이하;
   2:1; 3:1)

3. 다음 지도에서 사해 해변에 위치한 1947년부터 발견되기 시
   작한 쿰란의 11개 동굴을 살펴 봅시다.

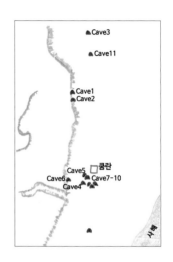

신구약성경와 관련하여 쿰
란공동체의 의미는 무엇입니
까?

지형과 지리가 성경 및 교회
역사에 끼치는 영향력은 무
엇입니까?

4. 이즈르엘 '평원' 동쪽 북 이스라엘 갈
   릴리 하부 지역에 있는 다볼산을 예수
   의 변모사건과 관련지을 수 있습니
   까?

참조: 호 1:5 עמק יזרעאל - "Emek Yizreel",
　　　이스르엘 골짜기 [개역개정]
　　　이즈르엘 평지 [공동번역개정판]
　　　이즈르엘 평원 [새번역]

5. 다음 지도에서 데가볼리 지역들과 관련된 성경구절 및 예수님
   께서 하신 말씀이 무엇인지를 찾아봅시다. (마 5:20; 막 5:20;
   7:31)

열 도시 중 유일하게 요단강 서쪽에 위치한 도시의 이름과 의미는 무엇입니까?

6. 세례 요한의 활동, 예수님의 수세·족보·시험에 관한 누가복음의 다음 내용 중 괄호 안에 지명 등 을 채우고 지도에서 찾아 봅시다.

세례 요한의 활동 3:1-20(마 3:1-12; 막 1:1-8; 요 1:19-28)

¹디베료 황제가 통치한 지 열다섯 해 곧 본디오 빌라도가 (유대)의 총독으로, 헤롯이 (갈릴리)의 분봉 왕으로, 그 동생 빌립이 (이두래와 드라고닛 지방)의 분봉 왕으로, 루사니아가 (아빌레네)의 분봉 왕으로, ²안나스와 가야바가 대제사장으로 있을 때에 하나님의 말씀이 (빈 들)에서 사가랴의 아들 요한에게 임한지라 ³요한이 (요단 강 부근 각처에 와서) 죄 사함을 받게 하는 회개의 세례를 전파하니 ⁴선지자 (이사야)의 책에 쓴 바 (광야)에서 외치는 자의 소리가 있어 이르되 너희는 주의 길을 준비하라 그의 오실 길을 곧게 하라 ⁵(모든 골짜기)가 메워지고 모든 산과 작은 산이 낮아지고 (굽은 것)이 곧아지고 (험한 길)이 평탄하여질 것이요

예수님의 수세 3:21-22(마 3:13-17; 막 1:9-11)

²¹백성이 다 세례를 받을새 예수도 세례를 받으시고 기도
하실 때에 (하늘)이 열리며 ²²성령이 비둘기 같은 형체로
그의 위에 강림하시더니 (하늘)로부터 소리가 나기를 너는
내 사랑하는 아들이라 내가 너를 기뻐하노라 하시니라

예수님의 족보 3:23-38(마 1:1-17)

²³예수께서 가르치심을 시작하실 때에 (삼십 세)쯤 되시니라

예수님이 시험 받으심 4:1-13(마 4:1-11; 막 1:12-13)

¹예수께서 성령의 충만함을 입어 (요단 강)에서 돌아오사
(광야)에서 (사십 일) 동안 성령에게 이끌리시며 ⁵마귀가
또 예수를 이끌고 올라가서 순식간에 (천하 만국)을 보이
며 ⁹또 이끌고 (예루살렘)으로 가서 (성전 꼭대기)에 세우
고 이르되 네가 만일 하나님의 아들이어든 여기서 뛰어내
리라

성지 묵상 나누기

소그룹 모임 | 35분

【 **묵상** | 10분

【 **시청각 나눔** | 10분

【 **개인·교회·세상에 적용하기** | 10분

【 **소그룹 마무리** | 5분

마무리하기
대그룹 모임 | 10분

【 **조별 발표** | 5분

【 **다음 묵상과 성지답사 및 기타 안내** | 5분

> [Jesus Trail 1] 아벨산에서 믹달까지, 팔복교회,
> 오병이어 교회, 베드로수위권교회, 베드로고기, 가버나움,
> 고라신, 기노사르, 갈릴리 호수

5과

공생애:
갈릴리

제자들을 부르시다
(눅 5:1-11)

본문으로 들어가기
대그룹 모임 | 5분

【 찬양 | 5분

어린이 찬송가 219장
갈릴리 바다에서

1. 갈릴리 바다에서 고기잡는 어부에게, 나를 따르라 나를 따르라, 사랑의 예수님이 부르셨다네
2. 갈릴리 어부들은 배와 그물 다 버리고, 주님 따랐네 주님 따랐네, 사랑의 예수님을 따라갔다네
3. 짓궂은 장난꾼- 어린 우리들-에게, 나를 따르라 나를 따르라, 사랑의 예수님이 부르신다네
4. 우리는 어떠할까 암--- 그-렇지, 주님 따르자 주님 따르자, 예수님 말씀대로 살아나가자

【 성경 읽기 】 5분

문맥 ❶ 사복음서에서 갈릴리 활동(제자들을 부르심)

내용	마태	마가	누가	요한
갈릴리활동				
갈릴리 여행	4:12	1:14a	4:14a	4:1-3
사마리아 활동				4:4-42
갈릴리 활동	4:13-17 (13:57b, 3:1-2)	1:14b-15 (6:4; 1:21; 1:4)	4:14b-15 (4:24,31; 3:2b-3)	4:43-46a (2:12)
나사렛 회당 설교	13:53-58	6:1-6a	4:16-30	(7:15; 6:42; 4:44; 10:39)
첫 제자들을 부르심	4:18-22	1:16-20	(5:1-11)	(1:35-51)
가버나움 회당에서 가르치심	(4:13; 7:28-29)	1:21-22	4:31-32	(2:12; 7:46)
회당에서 귀신 들린 자 치유		1:23-28	4:33-37	
시몬의 장모 치유	8:14-15	1:29-31	4:38-39	
병자들 치유	8:16-17 (4:24; 12:15b-17)	1:32-34 (3:10-12)	4:40-41	
예수님께서 가버 나움을 떠나심		1:35-38 (1:45b)	4:42-43 (5:16)	
(갈릴리) 여러 회당에서 전도	4:23 (9:35)	1:39 (6:6b)	4:44 (8:1)	
제자들을 부르심	(13:1-3; 4:18-22)	(4:1-2; 1:16-20)	5:1-11	(21:1-11)

내용	마태	마가	누가	요한
나병환자 치유	8:1-4	1:40-45 (1:35)	5:12-16 (4:42)	
중풍병자 치유	(9:1-8)	2:1-12	5:17-26	(5:1-7, 8-9a)
레위를 부르심, 세리와 식탁 교제	(9:9-13; 13:1-2a; 12:7)	2:13-17 (4:1a)	5:27-32 (15:1-2; 19:1-10)	5:27-32 (15:1-2; 19:1-10)
금식논쟁, 새포도주와 새부대	(9:14-17)	2:18-22	5:33-39	(3:29-30)
안식일에 밀 이삭 자름	(12:1-8; 9:13)	2:23-28	6:1-5	
안식일에 손 마른 자 치유	(12:9-14)	3:1-6	6:6-11 (13:10-16; 14:1-6)	
바닷가에서 치유	(4:24-25; 12:15-16; 12:17-21; 14:35-36; 9:20-21)	3:7-12 (6:54-56; 5:27-28; 1:34)	(8:44)	
열 두 제자 선택	10:1-4 (5:1; 16:17-18)	3:13-19 (6:6b-7)	6:12-16 (9:1-2)	(1:42)

평지설교(누가복음)

내용	마태	마가	누가	요한
입문 (치유활동)	4:24-5:2 (14:36)	3:7-13a (6:56)	6:17-20a	
사복(四福)선언	5:3-12		6:20b-23 (24-26)	
사화(四禍)선언			6:24-26 (20b-23)	
원수사랑	5:38-48 (7:12)		6:27-36 (14:12-14)	

내용	마태	마가	누가	요한
판단하지 말라 네 눈 속의 들보	7:1-5 (12:36-37; 15:14; 10:24-25)	4:24-25	6:37-42	(13:16; 15:20b)
열매로 안다	7:15-20; 12:33-35		6:43-45	
반석위의 집	7:21-27 (12:50)	(3:35)	6;46-49	

문맥 ❷ 누가복음에서 갈릴리 활동(제자들을 부르심)

3:21-4:44 성령으로 충만한 하나님 아들 예수에 대한 증언

3:21-4:13 예수님의 준비기간

4:14-44 회당에서 교사로서 예수님의 활동 시작
4:14-15   갈릴리 여러 회당에서 가르치심

4:16-30   안식일에 나사렛 회당 설교 - 배척

4:31-37   안식일에 갈릴리 가버나움 회당에서 가르치심, 귀신 들린 자 치유

4:38-41   시몬의 집에서 시몬의 장모의 열병 치유

4:40-41   병자들 치유, 축귀

4:42-44   갈릴리 여러 회당에서 전도

5-6   예수님의 새로운 권세와 가르침

5:1-6:11   예수님의 권세

    5:1-11   게네사렛 호숫가에서 제자들을 부르심과 그들이 예수님을 따름

    5:12-16   한 동네에서 나병환자 치유

    5:17-26   중풍병자 치유, 갈릴리 각 마을과 유대, 예루살렘에서 온 바리새인과 율법교사들 · 죄용서

    5:27-39   세리 레위를 부르심과 레위가 예수님을 따름, 세리와 식탁교제, 금식논쟁, 새 포도주와 새 부대

    6:1-5   안식일에 밀 이삭을 자름, 인자는 안식일의 주인

    6:6-11   안식일에 회당에서 오른 손 마른 자 치유

6:12-19   열 두 제자 선택, 예수님의 권세 증언

    6:12-16   산에서 밤새 기도하신 후 열 두 제자를 선택하심

    6:17-19   평지에서 예수님의 치유활동, 유대사방과 예루살렘, 두로와 시돈의 해안에서 온 많은 백성들

6:20-49   평지설교

    6:20-23   사복(四福) 선언, 하나님의 나라, 하늘(23절)

6:24-26	사화(四禍) 선언
6:27-38	원수 사랑, 판단하지 말라
6:39-49	네 눈 속의 들보, 열매로 안다, 반석 위의 집

배경

　　예수님께서 갈릴리 호수에서 제자들을 부르시는 사건은 마가복음 1:16-20, 마태복음 4:18-22과 병행된다. 마가와 마태가 처음 제자로 부름 받은 네 명의 제자 베드로와 그의 형제 안드레, 세베대의 아들 야고보와 그의 형제 요한을 언급하는 반면에, 누가는 안드레를 생략하고 시몬 베드로와 그의 동무들 및 시몬의 동업자로서 세베대의 아들 야고보와 요한이 제자로 부름 받았음으로 보고한다. 누가는 다른 두 복음서와 달리 갈릴리 호수의 게네사렛 호숫가라는 구체적인 지명을 밝힌다. 호수에서 고기를 잡는 중에 체험하는 기적은 디베랴 호숫가를 배경으로 한 요한복음 21:1-14과 병행된다. 예수님의 이적 앞에 "주여 나를 떠나소서 나는 죄인이로소이다"(8절)라는 베드로의 요청은 이사야의 소명사화(사 6:5-9)를 상기시킨다. 본문은 예수님의 새로운 권세와 가르침 및 증언을 주제로 하는 누가복음 5:1-6:49의 첫 단락을 형성한다. 첫 제자를 부르신 사건 이후 5:27-39에는 세리 레위를 부르시고, 6:12-16에서는 12제자를 선택하여 사도로 부르신다.

　　게네사렛(Γεννησαρέτ) 지명은 가버나움의 남쪽 평원을 가리키며 갈릴리 해변을 지칭하기도 하며 신약성경에 3회 나온다. 마태복음 14:34과 마가복음 6:53은 예수께서 많은 병자들을 치유한 장소로 언급하고 본 단락 누가복음 5:1에서만 예수님께서 첫 제자들을 부르신 장소를 게네사렛으로 구체화한다. 누가는 갈릴리 호수를 다른 복음서와 같이 '바다'($\theta\acute{\alpha}\lambda\alpha\sigma\sigma\alpha$ $\tau\tilde{\eta}\varsigma$ $\Gamma\alpha\lambda\iota\lambda\alpha\acute{\iota}\alpha\varsigma$)라 부르지 않고 '호수'($\lambda\acute{\iota}\mu\nu\eta$, 눅 5:1, 2; 8:22, 23, 3)로 명명한다(참조, 요세푸스 유대전쟁사 3:506). 갈릴리 호수는 구약성경에서 '긴네렛 바다'(수 13:27), '긴네렛 동쪽 해변'(민 34:11), '긴네롯 바다'(수 11:2), 요한복음에서 '디베랴 호수'(요 21:1)로도 명명된다. 이 호수는 남북 20km, 동서 12km, 면적 144km에 이르고 요단강에서 발원하여 흐른 맑은 물과 갈릴리 호수 주변 온천수로 이루어진다. 많은 물고기가 번식하며 둘레의 계곡이 비옥한 토양이라 밀, 보리, 무화과, 포도, 야채 등의 농작물이 많이 재배된다. 호수가 하프 모양을 이루고 주변이 높은 산들로 에워싸 바다 한복판에서 종종 강한 풍랑이 일어난다. 이 곳은 예수님 사역의 중심지였다.

본 단락은 게네사렛 호숫가에서 예수님과 어부들(배경, 1-2절), 예수님께서 배에서 무리를 가르치심(3절), 고기잡이 이적(4-7절), 시몬 베드로의 요청과 놀람(8-10전반부), 시몬을 부르심(10후반부), 어부들이 예수님을 따르는 내용(11절)으로 구성된다.

내용

세례 요한에게 무리가 나아갔듯이(3:7,10) 무리가 하나님의 말씀을 듣고자 게네사렛 호숫가에 서 계신 예수님께 몰려들었다(1절). 호숫가에 배 두 척이 있고 밤사이 그물을 던져 물고기를 잡고자 애쓴 어부들은 이른 아침에 배에서 내려 그물을 씻는다. 마태와 마가는 요한과 야고보가 그물을 수선하고 있었던 것으로 설명한다(마 4:21; 막 1:19)(2절). 예수님께서 무리로 인해 한 배에 오르시고 스승이 제자들을 가르치는 자세로 앉으셔서 무리를 가르치신다(3절). 가르치심을 마치신 예수님께서 시몬을 향해 깊은 데로 나아가 그물을 드리우도록 명하시고 배 안에 사람들이 물고기를 잡도록 명령한다(4절). 주로 제자들이 예수님을 호칭했던 '선생님'(ἐπιστάτης, 8:24, 45)으로 시몬이 예수님을 부르며 저녁부터 이른 아침까지 밤이 새는 동안(διά) 헛된 수고를 했지만 예수님의 말씀의 권세를 인정하며 그 말씀의 능력에 의지하며(ἐπί) 예수님의 명령에 순종하며 그물을 드리울 것을 말한다(5절). 그물을 깊은 물가에 드리우자 '매우 많은' 물고기를 잡게되어 그물이 찢겨지기 시작했다(6절). 시몬이 멀리 떨어지지 않은 곳에 있는 다른 배 안에 동료들(μέτοχοι)을 향해 신호를 하여 부르고 그들이 도우러 올 것을 요청한다. 물고기를 잡는 배들은 대개 짝을 이루어 일을 하였다. 그물에서 끌어 올린 물고기의 양이 너무 많아서 두 배가 가라앉게 되었다(7절). 기적의 현장에서 제자들의 대표임을 상기시킬 수 있는 이중으로 된 시몬의 이름 '시몬 베드로'(마 16:16; 벧후 1:1외에 요한복음에 자주 등장)가 언급된다. 누가는 6:14의 '베드로라고도 이름을 주신 시몬'외에 단독으로 '베드로' 또는 '시몬'의 이름을 사용한다. 예수님과 그의 행위 가운데 하나님의 임재를 체험한 베드로는 두려움(사 6:5)과 자신의 부족함(마 8:8)을 깨닫는다. 그가 예수님의 무릎 아래에 엎드려 예수님을 '주'로 부르며 죄인임을 고백하고 예수님께서 자신으로부터 떠날 것을 요청한다(8절). 베드로

뿐만 아니라, 그와 함께 있는 모든 사람이 예수님의 이적 가운데 신의 임재를 함께 목도하고 놀란다(9절). 주변 사람들 이외에 세 배대의 두 아들 야고보와 요한도 놀랐음이 언급된다. 그들은 시몬의 동업자(κοινωνοί)이다(8:1; 9:28). 예수님께서 시몬을 향해 '무서워 하지 말라'고 명한다. 이 명령은 죄용서와 선포의 기능을 한다. 죄인으로부터 떠나는 대신 두려워하고 부족한 죄인임을 깨닫는 베드로에게 새로운 생애가 시작되고 새로운 과업이 부과된다. 예수님을 '주'로 만난 이후 이제 베드로는 예수님의 제자로 그 생애가 바뀌었다. 그는 물고기를 잡는 어부에서 사람들을 구원하는 예수님의 제자로 부름을 받는다(10절). 그들이 배들을 육지에 대고 모든 것을 그 곳에 두고 예수님의 제자가 되어 그를 뒤따른다(11절).

【 성지 읽기 | 5분

❶ [Jesus Trail 1] 아벨산에서 믹달까지

❷ 팔복교회

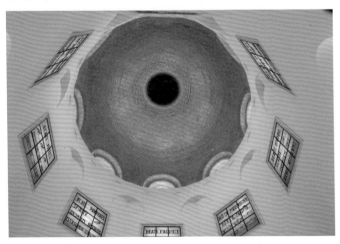

❸ 오병이어교회

❹ 베드로수위권교회

❺ 베드로고기

❻ 가버나움

❼ 고라신

❽ 기노사르

❾ 갈릴리 호수

【 성경과 성지 이해

1. 위의 두 지도에서 누가복음에 따라 예수님께서 처음 제자들
을 부르신 장소와 갈릴리에서 활동하신 사역의 동선을 그려
봅시다.

2. 아래 지도에서 '팔복교회,' '오병이어교회,' '베드로 수위권교
회'의 위치를 살펴보고 관련기사가 나오는 누가복음의 장과
절을 찾아봅시다.

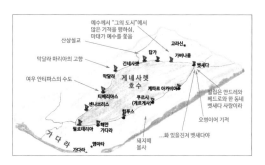

'엔 게브'의 위치도 찾아봅시다. 키부츠 운동은 무엇입니까?

히브리어	עין גב
설립	1937년 7월 6일
지역	갈릴리
소속	키부츠
좌표	32°46′57.95″N 35°38′22.73″E

* http://en.wikipedia.org/wiki/Ein_Gev

3. '아벨산에서 믹달까지' 예수님의 여정을 그려봅시다. '믹달'(막
달라)과 관련된 누가복음의 사화(史話)는 무엇입니까? (눅
7:37-50; 8:2; 23:55; 24:1-10)

* http://en.wikipedia.org/wiki.mount_arbel

4. '가버나움' 지역을 지도에서 찾아봅시다. 누가는 '가버나움'과
관련된 예수님의 활동을 어떻게 기록하고 있습니까? (눅
4:23,31; 7:1; 10:15)

예수님 사역 당시의 유대교 회당의 의미에 대해서도 생각해
봅시다. (눅 4:31-37; 막 1:21-28)

5. '고라신' 지역을 향해 선포하신 예수님의 말씀은 무엇이었습
   니까(눅 10:1-16; 마 11:20-24)? 고라신과 함께 언급된 지역
   들을 위의 문제 2)의 지도에서 찾아봅시다. (눅 10:13; 마
   11:20)

6. '기노사르'(히브리어 גִּנּוֹסָר 라틴어 Gennesaret) 지역을 지도
   에서 찾아봅시다.

히브리어	גִּנּוֹסָר
설립	1937년 2월 25일
지역	요르단 계곡
소속	키부츠
좌표	32°50′51.35″N 35°31′22.43″E
웹사이트	www.ginosar.org.il

* http://en.wikipedia.org/wiki/Ginosar

7. '갈릴리 호수'가 신구약 성경에 여러 지명으로 언급되고 있습
   니다. 여러 명칭들은 무엇이며 왜 다르게 불렸는지 생각해 봅
   시다. (위의 '배경' 설명 참조)

8. 예수님의 갈릴리 활동에 관한 누가복음의 다음 내용 중 괄호 안에 지명 등 을 채우고 지도에서 찾아봅시다.

갈릴리 여러 회당에서 가르치심 4:14-15(마 4:12-17; 막 1:14-15)

¹⁴예수께서 성령의 능력으로 (갈릴리)에 돌아가시니 그 소문이 사방에 퍼졌고 ¹⁵친히 그 여러 (회당)에서 가르치시매 뭇 사람에게 칭송을 받으시더라

안식일에 나사렛 회당 설교 4:16-30 (마 13:53-58; 막 6:1-6)

¹⁶예수께서 그 자라나신 곳 (나사렛)에 이르사 안식일에 늘 하시던 대로 (회당)에 들어가사 성경을 읽으려고 서시매 ¹⁷선지자 (이사야)의 글을 드리거늘 책을 펴서 이렇게 기록된 데를 찾으시니 곧 ²⁰책을 덮어 그 맡은 자에게 주시고 앉으시니 (회당)에 있는 자들이 다 주목하여 보더라 ²³예수께서 그들에게 이르시되 너희가 반드시 의사야 너 자신을 고치라 하는 속담을 인용하여 내게 말하기를 우리가 들은 바 (가버나움)에서 행한 일을 네 (고향) 여기서도 행하라 하리라 ²⁴또 이르시되 내가 진실로 너희에게 이르노니 (선지자)가 고향에서는 환영을 받는 자가 없느니라 ²⁵내가 참으로 너희에게 이르노니 엘리야 시대에 하늘이 삼 년 육 개월간 닫히어 온 땅에 큰 흉년이 들었을 때에 이스라엘에 많은 과부가 있었으되 ²⁶엘리야가 그 중 한 사람에게도 보내심을 받지 않고 오직 (시돈 땅)에 있는 (사렙다)의 한 과부에게 뿐이었으며 ²⁷또 선지자 엘리사 때에 (이스라

엘)에 많은 나병환자가 있었으되 그 중의 한 사람도 깨끗
함을 얻지 못하고 오직 (수리아) 사람 나아만뿐이었느니
라 28(회당)에 있는 자들이 이것을 듣고 다 크게 화가 나
서 29일어나 (동네 밖)으로 쫓아내어 그 동네가 건설된 (산
낭떠러지)까지 끌고 가서 밀쳐 떨어뜨리고자 하되 30예수
께서 그들 가운데로 지나서 가시니라

가버나움 회당에서 가르치시고 귀신 들린 자 치유 4:31-37 (막 1:21-28)

31갈릴리의 (가버나움) 동네에 내려오사 안식일에 가르치
시매 32그들이 그 가르치심에 놀라니 이는 그 말씀이 권위
가 있음이러라 33(회당)에 더러운 귀신 들린 사람이 있어
크게 소리 질러 이르되 37이에 예수의 소문이 그 근처 (사
방)에 퍼지니라

시몬의 장모 치유와 병자들 치유 4:38-41 (마 8:14-17; 막 1:29-34)

38예수께서 일어나 (회당)에서 나가사 시몬의 집에 들어가
시니

갈릴리 여러 회당에서 전도 4:42-44 (막 1:35-39)

42날이 밝으매 예수께서 나오사 (한적한 곳)에 가시니 무

리가 찾다가 만나서 자기들에게서 떠나시지 못하게 만류하려 하매 ⁴³예수께서 이르시되 내가 (다른 동네들)에서도 하나님의 나라 복음을 전하여야 하리니 나는 이 일을 위해 보내심을 받았노라 하시고 ⁴⁴갈릴리 여러 (회당)에서 전도하시더라

제자들을 부르심 5:1-11 (마 4:18-22; 막 1:16-20)

¹무리가 몰려와서 하나님의 말씀을 들을새 예수는 (게네사렛) 호숫가에 서서 ²호숫가에 배 두 척이 있는 것을 보시니 어부들은 배에서 나와서 그물을 씻는지라 ³예수께서 한 배에 오르시니 그 배는 시몬의 배라 육지에서 조금 떼기를 청하시고 앉으사 배에서 무리를 가르치시더니 ¹¹그들이 배들을 육지에 대고 모든 것을 버려 두고 예수를 따르니라

나병환자 치유 5:12-16 (마 8:1-4; 막 1:40-45)

¹²예수께서 한 동네에 계실 때에 온 몸에 나병 들린 사람이 있어 ¹⁶예수는 물러가사 (한적한 곳)에서 기도하시니라

중풍병자 치유 5:17-26 (마 9:1-8; 막 2:1-12)

¹⁷하루는 가르치실 때에 (갈릴리)의 각 마을과 (유대)와 (예루살렘)에서 온 바리새인과 율법교사들이 앉았는데 병을 고치는 주의 능력이 예수와 함께 하더라

레위를 부르심 5:27-39 (마 9:9-17; 막 2:13-22)

²⁷그 후에 예수께서 나가사 레위라 하는 세리가 (세관)에 앉아 있는 것을 보시고 나를 따르라 하시니

안식일에 밀 이삭을 자름 6:1-5 (마 12:1-8; 막 2:23-28)

¹(안식일)에 예수께서 (밀밭) 사이로 지나가실새 제자들이 이삭을 잘라 손으로 비비어 먹으니 ³다윗이 자기 및 자기와 함께 한 자들이 시장할 때에 한 일을 읽지 못하였느냐 (삼상 21:6) ⁴그가 (하나님의 전)에 들어가서 다만 제사장 외에는 먹어서는 안 되는 진설병을 먹고 함께 한 자들에게도 주지 아니하였느냐

안식일에 손 마른 사람 치유 6:6-11 (마 12:9-14; 막 3:1-6)

⁶또 다른 (안식일)에 예수께서 (회당)에 들어가사 가르치실새 거기 오른손 마른 사람이 있는지라

열두 제자 선택 6:12-19 (마 10:1-4; 4:23-25; 막 3:13-19)

¹²이 때에 예수께서 기도하시러 (산)으로 가사 밤이 새도록 하나님께 기도하시고 ¹³밝으매 그 제자들을 부르사 그 중에서 열둘을 택하여 사도라 칭하셨으니 ¹⁷예수께서 그들

과 함께 내려오사 (평지)에 서시니 그 제자의 많은 무리와
예수의 말씀도 듣고 병 고침을 받으려고 유대 사방과 예루
살렘과 (두로)와 (시돈의 해안)으로부터 온 많은 백성도
있더라

평지설교 6:20-49

사복 사화 선언 6:20-26 (마 5:1-12)

**원수 사랑, 판단하지 말라 6:27-38 (마 5:38-48; 7:1-5, 12 상,
17-20; 12:34 하-35)**

네 눈 속의 들보, 열매로 안다 6:39-45

반석 위의 집 6:46-49 (마 7:24-27)

[48](집)을 짓되 깊이 파고 주추를 반석 위에 놓은 사람과 같
으니 큰 물이 나서 탁류가 그 (집)에 부딪치되 잘 지었기
때문에 능히 요동하지 못하게 하였거니와 [49]듣고 행하지
아니하는 자는 주추 없이 흙 위에 (집) 지은 사람과 같으
니 탁류가 부딪치매 (집)이 곧 무너져 파괴됨이 심하니라
하시니라

성지 묵상 나누기
소그룹 모임 | 35분

【 묵상 | 10분

【 시청각 나눔 | 10분

【 개인·교회·세상에 적용하기 | 10분

【 소그룹 마무리 | 5분

마무리하기
대그룹 모임 | 10분

【 조별 발표 | 5분

【 다음 묵상과 성지답사 및 기타 안내 | 5분

> 벳세다(벳새다), 텔단, 가이사랴 빌립보,
> 골란고원, 헬몬산, 나사렛

6 과

공생애 :
갈릴리,
가이사랴,
헬몬산

영광스러운 모습으로
변모되시다
[눅 9:28-36]

본문으로 들어가기

대그룹 모임 | 5분

【 찬양 | 5분

찬송가 442장
저 장미꽃 위에 이슬

1. 저 장미꽃 위에 이슬 아직 맺혀 있는 그 때에
   귀에 은은히 소리 들리니 주 음성 분명하다.
2. 그 청아한 주의 음성 우는 새도 잠잠케-한다
   내게 들리던 주의 음성이 늘 귀에 쟁쟁하다.
3. 밤 깊도록 동산 안에 주와 함께 있으려-하나
   괴론 세상에 할 일 많아서 날 가라 명하신다.

후렴 주님 나와 동행을 하면서 나를 친구 삼으셨네
   우리 서로 받은 그 기쁨은 알 사람이 없도다.

【 성경 읽기 】 5분

문맥 ❶ 사복음서에서 예수님의 갈릴리 활동(계속)

내용	마태	마가	누가	요한
갈릴리 활동(계속)				
나병환자 치유	8:1-4	1:40-45 (1:35)	5:12-16 (4:42)	
가버나움의 백부장	8:5-13	(2:1)	7:1-10 (13:28-29)	4:46b-54
나인성 과부의 아들			7:11-17	
시몬의 장모 치유	8:14-15	1:29-31	4:38-39	
병자들 치유	8:16-17 (4:24; 12:15b-16)	1:32-34 (3:10-12)	4:40-41	
예수님을 따름	8:18-22	4:35	9:57-62	
풍랑이 잠잠해짐	8:23-27 (8:18)	4:35-41	8:22-25	
가다라 귀신 들린 자 치유	8:28-34	5:1-20	8:26-39	
중풍병자 치유	9:1-8	2:1-12	5:17-26	5:1-7, 8-9a
레위를 부르심, 세리와 식탁교제	9:9-13 (13:1-2a; 12:7)	2:13-17 (4:1a)	5:27-32 (15:1-2; 19:1-10)	5:27-32 (15:1-2; 19:1-10)
금식논쟁, 새포도 주와 새부대	9:14-17	2:18-22	5:33-39	3:29-30

내용	마태	마가	누가	요한
아이로의 딸과 혈루병 여인	9:18-26 (14:36)	5:21-43 (6:56b; 3:10; 10:52)	8:40-56 (6:19; 18:42; 7:50; 17:19)	
두 시각장애인 치유	9:27-31; 20:29-34 (9:22)	10:46-52	18:35-43 (8:48; 7:50; 17:19)	
벙어리 귀신들린 자 치유	9:32-34 (12:22-24)	3:22	11:14-15	(7:20; 10:20; 8:48; 8:52)
큰 수확	9:35-38 (4:23; 14:14)	6:6b; 6:34	8:1; 10:2	(4:35)
제자 파송	10:1-16 (16:17-18; 15:24; 11:24)	6:7; 3:13-19; 6:8-11	9:1; 6:12-16; 9:2-5; 10:3	(1:42)
제자들의 미래의 길	10:17-25; 24:9-14	13:9-13	12:11-12; 6:40; 21:12-19	(16:2b; 14:26; 13:16; 15:20)
열매없는 고백에 대한 경고	10:26-33 (6:26)	(4:22; 8:38)	12:2-9 (8:17; 12:23-24; 21:18; 9:26)	
제자 파송	10:34-36		12:51-53	
제자도의 조건	10:37-39 (19:29; 16:24-25)	(10:29-30; 8:34-35)	14:25-27; 17:33 (18:29-30; 9:23-24)	12:25

내용	마태	마가	누가	요한
제자도 약속	10:40-42 (18:5)	9:41 (9:37)	10:16 (9:48a)	13:20 (12:44-45; 5:23)
여행의 계속	11:01			
세례 요한의 질문과 예수님의 답변	11:2-6		7:18-23	
세례 요한에 관한 예수님의 증언	11:7-19 (21:31b-32; 17:12)	(1:2; 9:13)	7:24-35; 16:16	
갈릴리 도시들을 향한 '화' 선언	11:20-24 (10:15)		10:12-15	
아버지 찬양	11:25-27		10:21-22	(3:35; 17:2; 13:3; 7:29; 10:14-15; 17:25)
수고하고 무거운 자 초청	11:28-30			
안식일에 밀 이삭 자름	12:1-8 (9:13)	2:23-28	6:1-5	
안식일에 손마른자 치유	12:9-14	3:1-6	6:6-11 (14:1-6; 13:10-16)	
바닷가에서 치유	12:15-21 (8:16-17)	3:7-12 (1:34)	6:17-19 (4:41)	
예수님과 범죄한 여인	26:6-13 (9:22; 9:29-30)	14:3-9 (5:34; 10:52)	7:36-50 (8:48; 18:42; 17:19)	12;1-8
예수님을 따르는 여인들	(9:35; 27:55-56; 4:23)	6:6b; [16:9]; 15:40-41; 1:39	8:1-3 (23:49; 4:44)	

123 6과 공생애 : 갈릴리, 가이사랴, 헬몬산

내용	마태	마가	누가	요한
예수님과 제자들		3:20-21		
사탄과 결합?	12:22-30 (9:32-34)	3:22-27 (9:40)	11:14-15; 11:17-23 (9:50b)	(7:20; 10:20; 8:48; 8:52)
성령을 반대하는 죄	12:31-37 (7:16-20)	3:28-30	12:10; 6:43-45	
요나의 표적	12:38-42 (16:1-2a,4)	8:11-12	11:16; 11:29-32	(6:30)
배교	12:43-45		11:24-26	
어머니와 형제들이 예수님께 옴	12:46-50 (7:21)	3:31-35 (3:20-21)	8:19-21	15:14
네 가지 밭의 비유	13:1-9	4:1-9 (2:13)	8:4-8 (5:1-3)	
왜 비유로 말하나?	13:10-17 (25:29)	4:10-12; 4:25 (8:17b-18)	8:9-10; 8:18b; 10:23-24 (19:26)	
네 가지 밭 비유의 해석	13:18-23	4:13-20	8:11-15	
귀 있는 자는 들어라	5:15; 10; 26; 7:2; 13:12 (25:29)	4:21-25	8:16-18 (11:33; 12:2; 6:38; 19:26)	
스스로 자라는 씨 비유		4:26-29		
밭의 잡초의 비유	13:24-30			
겨자씨 비유	13:31-32	4:30-32	13:18-19	
누룩비유	13:33		13:20-21	
예수님의 비유설교	13:34-35	4:33-34		
밭의 잡초 비유 해석	13:36-43			

내용	마태	마가	누가	요한
밭의 보화와 진주 비유	13:44-46			
어물 포획망 비유	13:47-50			
결론: 아버지의 비유	13:51-52			
어머니와 형제들이 예수님께 옴	12:46-50 (7:21)	3:31-35 (3:20-21)	8:19-21	15:14
풍랑이 잔잔해짐	8:23-27 (8:18)	4:35-41	8:22-25	
거라사의 귀신들린 자 치유	8:28-34	5:1-20	8:26-39	
야이로의 딸과 혈루병 여인	9:18-26 (14:36; 9:29-30)	5:21-43 (6:56b; 3:10; 10:52)	8:40-56 (6:19; 18:42; 7:50; 17:19)	
나사렛 회당 설교 (고향에서 배척받음)	13:53-58	6:1-6a	4:16-30	7:15; 6:42; 4:44; 10:39
제2 예루살렘 여행				5:01
베데스다 연못 치유	(9:1-8)	(2:1-12)	(5:17-26)	
제자 파송	9:35; 10:1, 7-11, 14	6:6b-13; (3:13-15)	9:1-6	
헤롯과 백성들의 예수님 판단	14:1-2 (16:13b-14)	6:14-16 (8:27b-28)	9:7-9 (9:18b-19)	
세례 요한의 죽음	14:3-12	6:17-29	3:19-20	
제자들의 귀환	(14:12b-13)	6:30-31	9:10a(10:17)	
오병이어 기적	14:13-21 (9:36; 15:32-39; 16:5-12)	6:32-34 (8:1-10; 8:14-21)	9:10b-17	6:1-15

내용	마태	마가	누가	요한
예수님께서 바다를 걸으심	14;22-33	6:45-52		6:16-21
서쪽 연안에서 병자 치유	14:34-36 (4:24-25; 8:16-17; 9:20-21)	6:53-56 (3:7-12; 1:32-34; 5:27-29a)	(6:17-19; 4:40-41; 8:44)	6:22-25
나는 생명의 떡이다	(13:54b-57a; 26:26-28)	(6:2b-3; 14:22-24)	(4:22; 22:19-20)	6:26-59
정결과 부정	15:1-20 (23:16; 23:24)	7:1-23	11:37-41; 6:39	
수로보니게(가나안) 여인	15:21-28 (10:6; 8:13)	7:24-30	(7:10)	
귀먹고 벙어리 치유 (많은 병자 치유)	15:29-31	7:31-37		
사천명 급식 이적	15:32-39 (14:13-21; 16:5-12)	8:1-10 (6:32-44; 8:14-21)	(9:10b-17)	(6:1-15)
표적 요구	16:1-4; 12:38-39	8:11-13	11:16; 12:54-56; 11:29	(6:30)
바리새인들의 누룩 주의하라	16:5-12	8:14-21	12:01	
벳세다의 시각 장애인 치유		8:22-26		

수난으로의 길

내용	마태	마가	누가	요한
많은 제자들의 배교				6:60-66

내용	마태	마가	누가	요한
베드로의 신앙고백	16:13-20 (14:1-2; 10:2a; 18:18)	8:27-30 (6:14-16; 3:16)	9:18-21 (9:7-9; 6:13b-14a)	6:(66) 67-71 (20:22-23; 1:40-42)
첫 번째 수난예고	16:21-23 (17:22-23; 20:17-19)	8:31-33 (9:30-32; 10:32-34)	9:22 (17:25; 24:6b-7; 24:44-46; 9:43b-45; 18:31-34)	
나를 따라오려거든	16:24-28 (10:38-39; 10:33)	8:34-9:1	9:23-27 (14:27; 17:33; 12:9)	12:25 (8:51-52; 21:20-23)
예수님의 변모	17:1-9 (3:1-17)	9:2-10 (1:11)	9:28-36 (9:37; 3:22b)	12:28-30
엘리야의 재림에 관하여	17:10-13 (11:14)	9:11-13		
귀신들린 아이의 치유	17:14-21 (17:9a; 21:21)	9:14-29 (9:9a; 11:22-23)	9:37-43a (17:6)	14:9
두 번째 수난예고	17:22-23 (16:21-23; 20:17-19)	9:30-32 (8:31-33; 10:32-34)	9:43b-45 (9:22; 18:31-34; 17:25; 24:6b-7; 24:44-46)	7:1
성전세	17:24-27			
"누가 크냐?"	18:1-5 (20:26-27; 23:11-12; 10:40-42)	9:33-37 (10:43-44; 10:15)	9:46-48 (22:26; 18:14b; 14:11; 10:16; 18:17)	(3:3, 5) 13:20 (12:44-45; 13:4-5, 12-17; 5;23)

내용	마태	마가	누가	요한
너희를 위하는 사람	10:42 (12:30)	9:38-41	9:49-50 (11:23)	
분노를경고함	18:6-9 (5:13; 5:29-30)	9:42-50	17:1-2; 14:34-35	
잃은 양의 비유	18:10-14		15:3-7 (19:10)	
공동체 훈련	18:15-18 (16:19)		17:3	20:23
두 세 사람 모인 곳	18:19-20			
용서에 관하여	18:21-22		17:4	
악한 종 비유	18:23-25			

문맥 ❷ 누가복음에서 예수님의 갈릴리 활동(계속)

7:1-50 예수님의 이적: 예수님은 누구인가? 예수님의 말씀의 수신자는 누구인가?

7:1-10　　가버나움 백부장(회당건축)의 종 치유
7:11-17　　나인성 과부의 죽은 아들을 살리심
7:18-35　　세례요한의 질문과 예수님의 답변
7:36-50　　한 바리새인의 집에서 예수님과 범죄한 여인
　　　　　　- 죄 용서

8:1-56 예수님의 비유: 말씀의 신학

8:1-3	각 성과 마을에서 열 두 제자와 복음 전파 - 예수님을 따르는 여인들(마리아, 요안나, 수산나) - 종합자료
8:4-8	각 동네 사람들 - 네 가지 밭의 비유(길, 바위, 가시떨기, 좋은 땅)
8:9-15	왜 비유로 말하나?, 네가지 밭 비유의 해석
8:16-18	등불은 등경위에
8:19-21	예수님의 어머니와 형제들이 예수님께 옴 - 가족의 정의
8:22-25	호수저편으로 가심 - 풍랑이 잔잔해짐
8:26-39	갈릴리 맞은 편 거라사인의 땅에서 귀신 들린 자 치유
8:40-56	회당장 야이로의 열두살 외딸과 열두해 혈루병 여인

9:1-10:24 하나님의 아들 예수와 제자들

9:1-6	열 두 제자 파송 - 하나님의 나라, 어느 집, 각 마을
9:7-9	분봉 왕 헤롯이 당황함, 제자파송(1-6)으로 기독론적 질문 제기: 예수님은 누구인가(7-9)?
9:10-17	제자들의 귀환, 벳새다 빈들에서 오병이어 기적
9:18-27	예수님께서 따로 기도하실 때 베드로의 신앙

	고백 "하나님의 그리스도시니이다." - 첫 번째 수난예고, 나를 따라오려거든
9:28-36	예수님의 변모 : 기도하시러 산으로 올라가심- 베드로, 야고보, 요한/모세, 엘리야 - 초막 셋
9:37-43a	산에서 내려오심 - 귀신 들린 아이 치유
9:43b-45	인자가 사람들의 손에 넘겨질 것을 말씀 - 두 번째 수난예고
9:46-48	제자들의 변론"누가 크냐?" - 가장 작은 자
9:49-50	요한의 질문. 주의 이름으로 축귀하는 자 - 너희를 위하는 사람

배경

예수님께서 영광스러운 모습으로 변화되신 사건은 마태복음 17:1-8, 마가복음 9:2-8과 병행된다. 본 단락은 고난과 희생을 통하여 하나님의 말씀과 약속이 성취되고 확증됨을 언급하므로 종말 시 '영광으로 오시는 인자의 모습'(21:20-28), 예수의 '부활'(24:1-12)과 '승천'(24:50-53), '감람산 기도'(22:39-39, '겟세마네에서 기도' 막 14:32-42; 눅 22:39-46) 사건과 관련된다.

예수님의 용모가 변화됨(29절), 모세와 엘리야의 출현(30-31절), 구름 속에서 들리는 음성(35절)에 대한 서술은 본 사건이 초자연적 역사적 사건임을 알린다. 이 사건은 하나님의 직접적인 개입에 의한 신적 현현이 체험되므로 예수님께서 '세례 받으심'(3:21-22)과 '시험 받으심'(4:1-11)과도 관련된다.

하나님의 현현과 인간이 하나님을 만나는 장소로 성경에서 종종 '산'이 언급된다(출 24장; 33-34장). 누가는 어느 '산'인지 구체적으로 밝히지 않으며 마태 및 마가가 언급하는 '높은 산'을 '산'으로 변경시킨다. 마태 및 마가의 경우 변모사건 이전에 가이사랴 빌립보 지역과(마 16:13; 막 8:27) 관련시킬 경우 예수 변모사건의 배경으로 '헬몬' 산을 추측할 수 있다. 누가의 경우 베드로의 고백 및 예수의 죽음과 부활이 예고되는 9:18-27에서도 사건의 장소가 구체적으로 언급되지 않는다. 리펠트(W. Liefeld)는 갈릴리 북서쪽 '메론' 산을 사건의 배경으로 주장한다.

33절에 언급된 '초막'(σκηνή)은 칠십인 역에서 뾰족하게 설치된 장소(오헬), 기둥을 세워 만든 장소(수카), 거처(미스칸)를 모두 지칭한다. 특히 빈 들에서 예배를 드리기 위해 사용되는 이동 막사와 잎이 달린 가지로 초막절을 기념하는 동안 만든(레 23:42-43; 느 8:14-17; 슥 14:16-21) 은신처를 뜻하기도 한다. 본 단락은 크게 예수의 경험(28-31절)과 제자들의 경험(32-36절)으로 구분된다. 상세하게 배경(28절), 예수님의 변모(29절), 모세와 엘리야의 등장과 예언(31-32절), 제자들이 예수의 영광을 목도함(32절), 베드로의 제안(33절), 구름 속에서 명령의 소리를 들음(34-35절), 예수를 목도하고 침묵함(36절)으로 구성된다.

내용

예수님이 누구이신지와 인자의 고난, 죽음, 부활에 대한 예고 후 약 팔일이 되었을 때(비교, 마 17:1; 막 9:2; 출 24:16; 요 20:26) 예수님께서 베드로, 요한, 야고보, 세 제자와 함께 기산에 오르신다. 누가는 '기도하시러'를 기록하여 산에 오른 목적을 밝히고 있다(참조. 6:12)(28절). 기도하실 때 예수님의 얼굴의 형상이 다르게 되고 그의 옷이 희어져(행 1:10; 막 16:5; 계 3:4) 광채가 난다. 하나님의 영광의 현현(출 34:29-30) 중에 예수님의 부활의 영광(눅 24:4; 마 28:3)과 미래의 영광이 함께 겹쳐진다(단 10:6; 겔 1:4,7)(29절). 시내산(호렙산)에서 하나님을 만난 모세와 엘리야가(출 24장; 왕상 19장) 등장하여 예수님과 함께 대화한다. 19절과 관련하여 종말시 나타날 것으로 기대되었던 인물인 이 두 사람에 관한 언급은 예수님께서 이 둘의 역할을 하는 종말의 메시아이며 이미 예수님께서 오시므로 종말적 하나님의 통치가 시작되고 있음을 설명한다(30절). 모세와 엘리야가 예수님께서 이 땅에서의 사역을 완수하신 후(πληροῦν) 이승으로부터 떠나실 것(별세, ἔξοδος 히 11:22; 벧후 1:15) 곧 그의 죽음, 부활, 승천을 알린다. 이스라엘이 애굽으로부터 해방되는 출애굽의 여정과 같이 예수님의 전체 생애는 입구(εἴσοδος 행 13:24)에서 시작하여 예루살렘에서 종결되는 출구로 묘사되는 인간을 구원하기 위한 여정, '길'로 묘사된 것으로 볼 수 있다. 예수님께서 예루살렘에서 모든 믿는 자들을 구원하는 구원사역을 자신의 죽음으로 완성하실 것이다(31절). 27절에 언급된 "죽기 전에 하나님의 나라를 볼 자들도 있느니라"는 예수님의 약속은 부분적으로 선취된다. 그들이 예수님의 별세에 대한 예고를 들었는지는 불분명하다. 깊이 졸던 제자들이 온전히 깨어나(διὰ γρηγορέω) 모세와 엘리야와 함께 있는 예수님의 영광을 목도한

다(눅 9:26; 22:39-47 감람산, 마 26:36-46; 막 14:32-42)(32
절). 그 두 사람이 떠나기 시작할 때, 베드로가 예수님을 '선생
님'(ἐπιστάτα 눅 5:5)으로 존칭하며 예수님의 영광을 목도하게
됨을 즐거워한다. 베드로는 앞서 체험한 이 영광을 존속하고자
예수께 초막 셋을 지을 것을 제안한다. 그는 영광이 고난을 전
제함을 이해하지 못한다(33절). '구름'(νεφέλη)은 하나님의 임
재(출 16:10; 19:9,16; 24:15-18; 33:9-11; 시 18:11), 하나님의
이동(사 19:1; 시 18:10-11; 104:3) 사람이 하늘로 들림 받는 도
구(행 1:9; 계 11:12; 단 7:13; 막 13:26; 살전 4:17)를 상징한
다. 구름이 그 곳에 있던 모든 무리를 덮고(ἐπισκιάζω 출 40:35;
눅 1:35) 이를 목도한 제자들이 하나님의 영광의 현현으로 두려
워한다(출 20:19-20)(34절). 구름 속에서 하늘로부터 소리가
제자들을 향해 예수님께서 하나님의 택함 받으신 아들이심(눅
3:22)을 알리고 예수님께 순종해야 할 것을 명령한다(신 18:15)
(35절). 구름 속에서 소리가 그치고 난 후 예수님께서 홀로 제자
들과 함께 있다. 하나님의 영광의 현현과 임재를 경험한 제자들
은 예수님의 고난과 죽음을 통한 부활 이후에야 성령의 도우심
으로 그들이 선취한 체험을 이해하고 말로 선포하기 까지 이 사
건에 대해 침묵한다(눅 24:44-49)(36절).

【 성지 읽기 | 5분

❶ 벧세다(벳새다)

❷ 텔 단

❸ 가이사랴 빌립보

❹ 골란고원

❺ 헬몬산

❻ 나사렛

【 성경과 성지 이해

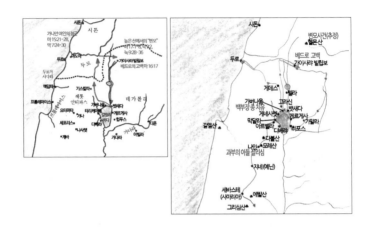

1. 위의 지도에서 북부 갈릴리 지역에서 행하신 예수님 사역의 여정을 그려봅시다.

2. 다음 지도에서 벳새다('고기잡이 집') 지역을 찾아봅시다. 이곳에서 예수께서 행하신 기적은 무엇입니까?
   (눅 9:10-17; 마 14:13-21; 막 6:30-44; 요 6:1-14)

위치	이스라엘 갈릴리
설립	B.C. 1세기
abondoned	A.D. 65년

* http://en.wikipedia.org/wiki/Bethasaida

3. 텔 단('단의 흙무더기/고분')과 관련된 성경 역사는 무엇입니까? 관련된 성경 본문을 찾아봅시다. (삿18:1, 27-29; 수 19:47; 창 14:14; 왕하 10:29; 대하 13:8)

위치	이스라엘
설립	c. 4500 BC c. 733 BC
좌표	33.249°N 35.652°E
문화	신석기, 가나안, 이스라엘
시대	신석기, 청동기, 철기

*http://en.wikipedia.org/wiki/Tel_Dan

4. 다음 지도에서 가이사랴 빌립보 지역을 찾아봅시다. 누가복음 9:18-27에 나오는 베드로의 고백이 가이사랴 빌립보 지역과 어떻게 관련됩니까? (마 16:13-20; 막 8:27-30)

5. 골란(Golan, גּוֹלָן Γαυλανῖτις, "something surrounded, hence a district")과 관련된 성경 역사는 무엇입니까? 관련된 성경 본문을 찾아봅시다. (신 4:43; 수 20:8; 대상 6:71)

골란 고원	
국가	시리아 (이스라엘점령)
면적	총 1,800㎢ 점령 1,200㎢
고도	2,814m
좌표	32°58′54″N 35°44′58″E

http://en.wikipedia.org/wiki/Golan_Heights

헬몬산	
위치	시리아 (이스라엘 점령)
산맥	Anti-Lebanon mountains
좌표	33°24′58″N 35°51′27″E
고도	2,814m

http://en.wikipedia.org/wiki/Anti−Lebanon_mountains

6. 예수님의 변모사건이 '헬몬 산'에서 일어난 것으로 추정하는
근거는 무엇입니까? (마 16:13; 막 8:27)

7. 예수님의 갈릴리 활동에 관한 누가복음의 다음 내용 중 괄호
안에 지명 등을 채우고 지도에서 찾아봅시다.

백부장의 종 치유 7:1-10 (마 8:5-13; 요 4:43-54)

¹예수께서 모든 말씀을 백성에게 들려 주시기를 마치신 후
에 (가버나움)으로 들어가시니라 ²어떤 백부장의 사랑하
는 종이 병들어 죽게 되었더니 ⁵그가 우리 민족을 사랑하
고 또한 우리를 위하여 (회당)을 지었나이다 하니 ⁶예수
께서 함께 가실새 이에 (그 집)이 멀지 아니하여 백부장이

벗들을 보내어 이르되 주여 수고하시지 마옵소서 (내 집)
에 들어오심을 나는 감당하지 못하겠나이다 ⁹예수께서 들
으시고 그를 놀랍게 여겨 돌이키사 따르는 무리에게 이르
시되 내가 너희에게 이르노니 (이스라엘) 중에서도 이만한
믿음은 만나보지 못하였노라 하시더라 ¹⁰보내었던 사람들
이 (집으로) 돌아가 보매 종이 이미 나아 있었더라

나인성 과부의 죽은 아들을 살리심 7:11-17

¹¹그 후에 예수께서 (나인)이란 성으로 가실새 제자와 많은
무리가 동행하더니 ¹²성문에 가까이 이르실 때에 사람들이
한 죽은 자를 메고 나오니 이는 한 어머니의 독자요 그의
어머니는 과부라 그 성의 많은 사람도 그와 함께 나오거늘
¹⁷예수께 대한 이 소문이 온 유대와 사방에 두루 퍼지니라

세례 요한의 질문과 예수님의 답변 7:18-35 (마 11:2-19)

²⁴요한이 보낸 자가 떠난 후에 예수께서 무리에게 요한에
대하여 말씀하시되 너희가 무엇을 보려고 (광야)에 나갔
더냐 바람에 흔들리는 갈대냐 ²⁵그러면 너희가 무엇을 보
려고 나갔더냐 부드러운 옷 입은 사람이냐 보라 화려한 옷
을 입고 사치하게 지내는 자는 (왕궁)에 있느니라 ²⁷기록
된 바 보라 내가 내 사자를 네 앞에 보내노니 그가 네 앞에
서 (네 길)을 준비하리라 한 것이 이 사람에 대한 말씀이라
(말 3:1)

한 바리새인 집에서 예수님과 범죄한 여인 7:36-50

³⁶한 바리새인이 예수께 자기와 함께 잡수시기를 청하니 이에 (바리새인의 집)에 들어가 앉으셨을 때에 ³⁷그 동네에 죄를 지은 한 여자가 있어 예수께서 (바리새인의 집)에 앉아 계심을 알고 향유 담은 옥합을 가지고 와서

열 두 제자와 복음전파, 예수님을 따르는 여인들 8:1-3

¹그 후에 예수께서 (각 성과 마을)에 두루 다니시며 하나님의 나라를 선포하시며 그 복음을 전하실새 열두 제자가 함께 하였고

네 가지 밭의 비유 8:4-8 (마 13:1-9; 막 4:1-9)

⁴각 동네 사람들이 예수께로 나아와 큰 무리를 이루니 예수께서 비유로 말씀하시되 ⁵씨를 뿌리는 자가 그 씨를 뿌리러 나가서 뿌릴새 더러는 (길 가)에 떨어지매 밟히며 공중의 새들이 먹어버렸고 ⁶더러는 (바위) 위에 떨어지매 싹이 났다가 습기가 없으므로 말랐고 ⁷더러는 (가시떨기) 속에 떨어지매 가시가 함께 자라서 기운을 막았고 ⁸더러는 (좋은 땅)에 떨어지매 나서 백 배의 결실을 하였느니라 이 말씀을 하시고 외치시되 들을 귀 있는 자는 들을지어다

네 가지 밭 비유의 해석 8:9-15 (마 13:10-23; 막 4:13-20)

[12](길 가)에 있다는 것은 말씀을 들은 자니 이에 마귀가 가서 그들이 믿어 구원을 얻지 못하게 하려고 말씀을 그 마음에서 빼앗는 것이요 [13](바위 위)에 있다는 것은 말씀을 들을 때에 기쁨으로 받으나 뿌리가 없어 잠깐 믿다가 시련을 당할 때에 배반하는 자요 [14](가시떨기)에 떨어졌다는 것은 말씀을 들은 자이나 지내는 중 이생의 염려와 재물과 향락에 기운이 막혀 온전히 결실하지 못하는 자요 [15](좋은 땅)에 있다는 것은 착하고 좋은 마음으로 말씀을 듣고 지키어 인내로 결실하는 자니라

등불은 등경 위에 8:16-18 (막 4:21-25)

[16]누구든지 등불을 켜서 그릇으로 덮거나 (평상) 아래에 두지 아니하고 등경 위에 두나니 이는 들어가는 자들로 그 빛을 보게 하려 함이라

예수님의 어머니와 형제들이 예수님께 옴 8:19-21 (마 12:46-50; 막 3:31-35)

[20]어떤 이가 알리되 당신의 어머니와 동생들이 당신을 보려고 밖에 서 있나이다

풍랑이 잔잔해짐 8:22-25 (마 8:23-27; 막4:35-41)

22하루는 제자들과 함께 배에 오르사 그들에게 이르시되 (호수 저편)으로 건너가자 하시매 이에 떠나 23행선할 때에 예수께서 잠이 드셨더니 마침 광풍이 (호수)로 내리치매 배에 물이 가득하게 되어 위태한지라

귀신 들린 자 치유 8:26-39 (마 8:28-34; 막 5:1-20)

26그들이 갈릴리 맞은편 (거라사)인의 땅에 이르러 27예수께서 (육지)에 내리시매 그 도시 사람으로서 귀신 들린 자 하나가 예수를 만나니 그 사람은 오래 옷을 입지 아니하며 집에 거하지도 아니하고 (무덤) 사이에 거하는 자라 31(무저갱)으로 들어가라 하지 마시기를 간구하더니 32마침 그곳에 많은 돼지 떼가 (산)에서 먹고 있는지라 귀신들이 그 돼지에게로 들어가게 허락하심을 간구하니 이에 허락하시니 33귀신들이 그 사람에게서 나와 돼지에게로 들어가니 그 떼가 비탈로 내리달아 호수에 들어가 몰사하거늘 34치던 자들이 그 이루어진 일을 보고 도망하여 성내와 마을에 알리니 35사람들이 그 이루어진 일을 보러 나와서 예수께 이르러 귀신 나간 사람이 옷을 입고 정신이 온전하여 예수의 (발치)에 앉아 있는 것을 보고 두려워하거늘 36귀신 들렸던 자가 어떻게 구원 받았는지를 본 자들이 그들에게 이르매 37(거라사)인의 땅 근방 모든 백성이 크게 두려워하여 예수께 떠나가시기를 구하더라 예수께서 배에 올라 돌

아가실새 38귀신 나간 사람이 함께 있기를 구하였으나 예수께서 그를 보내시며 이르시되 39집으로 돌아가 하나님이 네게 어떻게 큰 일을 행하셨는지를 말하라 하시니 그가 가서 예수께서 자기에게 어떻게 큰 일을 행하셨는지를 온 성내에 전파하니라

야이로의 딸과 혈루병 여인 8:40-51 (마 9:18-26; 막 5:21-43)

40예수께서 돌아오시매 무리가 환영하니 이는 다 기다렸음이러라 41이에 (회당장)인 야이로라 하는 사람이 와서 예수의 발 아래에 엎드려 자기 집에 오시기를 간구하니 49아직 말씀하실 때에 (회당장)의 집에서 사람이 와서 말하되 당신의 딸이 죽었나이다 선생님을 더 괴롭게 하지 마소서 하거늘 50예수께서 들으시고 이르시되 두려워하지 말고 믿기만 하라 그리하면 딸이 구원을 얻으리라 하시고 51그 집에 이르러 베드로와 요한과 야고보와 아이의 부모 외에는 함께 들어가기를 허락하지 아니하시니라

열 두 제자 파송 9:1-9 (마 10:5-15; 막 6:7-13)

3이르시되 여행을 위하여 아무 것도 가지지 말라 지팡이나 배낭이나 양식이나 돈이나 두 벌 옷을 가지지 말며 4어느 집에 들어가든지 거기서 머물다가 거기서 떠나라 5누구든지 너희를 영접하지 아니하거든 그 성에서 떠날 때에 너희

발에서 먼지를 떨어 버려 그들에게 증거를 삼으라 하시니
6제자들이 나가 각 마을에 두루 다니며 곳곳에 복음을 전
하며 병을 고치더라

헤롯이 당황함 9:7-9 (마 14:1-12; 막 6:14-29)

오병이어 기적 9:10-17 (마 14:13-21; 막 6:30-44; 요 6:1-14)

10사도들이 돌아와 자기들이 행한 모든 것을 예수께 여쭈
니 데리시고 따로 (벳새다)라는 고을로 떠나 가셨으나 12
날이 저물어 가매 열두 사도가 나아와 여짜오되 무리를 보
내어 두루 마을과 촌으로 가서 유하며 먹을 것을 얻게 하
소서 우리가 있는 여기는 (빈 들)이니이다 16예수께서 떡
다섯 개와 물고기 두 마리를 가지사 (하늘)을 우러러 축사
하시고 떼어 제자들에게 주어 무리에게 나누어 주게 하시니

베드로의 신앙고백, 첫 번째 수난 예고 9:18-27 (마 16:13-28; 막 8:27-9:1)

18예수께서 따로 기도하실 때에 제자들이 주와 함께 있더
니 물어 이르시되 무리가 나를 누구라고 하느냐 25사람이
만일 온 (천하)를 얻고도 자기를 잃든지 빼앗기든지 하면
무엇이 유익하리요 27내가 참으로 너희에게 이르노니 여기
서 있는 사람 중에 죽기 전에 (하나님의 나라)를 볼 자들

도 있느니라

예수님의 변모 9:28-36 (마 17:1-8; 막 9:2-8)

²⁸이 말씀을 하신 후 팔 일쯤 되어 예수께서 베드로와 요한
과 야고보를 데리고 기도하시러 (산)에 올라가사 ³³두 사
람이 떠날 때에 베드로가 예수께 여짜오되 주여 우리가 여
기 있는 것이 좋사오니 우리가 (초막 셋)을 짓되 하나는 주
를 위하여, 하나는 모세를 위하여, 하나는 엘리야를 위하
여 하사이다 하되 자기가 하는 말을 자기도 알지 못하더라
³⁴이 말 할 즈음에 구름이 와서 그들을 덮는지라 (구름) 속
으로 들어갈 때에 그들이 무서워하더니 ³⁵(구름) 속에서
소리가 나서 이르되 이는 나의 아들 곧 택함을 받은 자니
너희는 그의 말을 들으라 하고

귀신 들린 아이 치유 9:37-43 (마 17:14-18; 막 9:14-27)

³⁷이튿날 (산)에서 내려오시니 큰 무리가 맞을새

두 번째 수난 예고 9:44-45 (마 17:22-23; 막 9:30-32)

누가 크냐 9:46-48 (마 18:1-5; 막 9:33-37)

너희를 위하는 사람 9:49-50 (막 9:38-40)

성지 묵상 나누기
소그룹 모임 ┃ 35분

【 **묵상** ┃ 10분

【 **시청각 나눔** ┃ 10분

【 **개인·교회·세상에 적용하기** ┃ 10분

【 **소그룹 마무리** ┃ 5분

마무리하기

대그룹 모임 ┃ 10분

【 **조별 발표** ┃ 5분

【 **다음 묵상과 성지답사 및 기타 안내** ┃ 5분

> 여리고 와디파리(WadiAlFar'a), 사마리아(그리심산 전망),
> 세겜(야곱의우물),
> [JususTrail2] 성조지수도원(St. GeorgeMonastery)에서
> 와디 켈트를 따라 여리고까지, 여리고(여리고 성벽 터,
> 삭개오뽕나무, 엘리사의 샘, 시험산)

7과

공생애 :
사마리아,
여리고

나병환자 열 명을
치유하시다
(눅 17:11-19)

본문으로 들어가기
대그룹 모임 | 5분

【 찬양 | 5분

찬송 397장(다같이)
주 믿는 사람 일어나

1. 주 믿는 사람 일어나 다 힘을 합하여, 이 세상 모든 마
   귀를 다쳐서 멸하세, 저 앞에 오는 적군을 다 싸워 이
   겨라, 주 예수 믿는 힘으로 온 세상 이기네
2. 온 인류 마귀 궤휼로 큰 죄에 빠지니, 진리로 띠를 띠
   고서 늘 기도 드리세, 참 믿고 의지 하면서 겁없이 나
   갈 때, 주 예수 믿는 힘으로 온 세상 이기네
3. 끝까지 이긴 자에게 흰옷을 입히고, 또 영생 복을 주시
   니 참기쁜 일일세, 이어둔 세상 지나서 저 천성 가도록,
   주 예수 믿는 힘으로 온 세상 이기네

후렴 믿음이 이기네 믿음이 이기네
      주 예수를 믿음이 온 세상 이기네

【 성경 읽기 】 5분

문맥 ● 사누가복음에서 예루살렘을 향한 예수님의 여행

9:1-10:24   하나님의 아들 예수님과 제자들

9:51-56   사마리아의 마을에서 예수님을 받아들이지 않음

9:57-62   길 가실 때 어떤 사람이 예수님을 따르려 함. 머리 둘 곳 없다. 하나님의 나라를 전파하라

10:1-16   칠십 인의 제자들을 각 동네와 각 지역으로 둘씩 앞서 파송, 어느 집, 어느 동네, "하나님의 나라가 가까이 왔다!", 소돔(12), 고라신, 벳새다(13), 두로, 시돈(13, 14), 가버나움/하늘, 음부(15)

10:17-20   70인이 돌아옴 - 사탄이 하늘로부터 떨어짐(18), 하늘

10:21-24   선택된 계시의 증거자들로서 제자들, 천지의 주재

10:25-11:28   교사로서 예수님(생명, 영, 귀신들을 쫓아내심)

10:25-37   사랑의 계명, 예루살렘에서 강도 만난 사람과 사마리아인의 비유, 주막(34)

10:38-42   길 갈 때에 한 마을에 들어감, 교사 예수님께

귀를 기울임: 마리아와 마르다

11:1-13　예수님께서 한 곳에서 기도하시고 마치신 후, 기도를 가르치심, 여행 중인 친구의 방문을 받은 사람

11:14-26　예수님과 바알세불, 부정한 영에 대한 가르침- 하늘로부터 오는 표적, 분쟁하는 나라, 집, 하나님의 나라

11:27-28　복의 선언

11:29-13:35　이스라엘을 향한 회개와 심판설교(외부에 있는 이들 - 제자들 - 이스라엘)

11:29-12:3　외부에 있는 이들에 대한 심판설교

11:29-33　악한 세대가 구하는 표적 - 요나와 니느웨 사람들, 솔로몬과 땅끝의 남방여왕

11:34-36　눈은 몸의 등불 - 움 속, 말 아래, 등경

11:37-54　바리새인과 율법교사들에 대한 여섯 가지 화 - 평토장한 무덤(44), 선지자들의 무덤(47), 제단과 성전사이에서 죽임 당한 사가랴의 피(51)

12:1-3　바리새인들의 외식에 대한 심판 - 골방과 지붕(3)

12:4-53　제자들에 대한 예수의 심판설교

12:4-12　내 친구 너희에게 말함 - 지옥(6), 회당(11)

12:13-21   한 부자 비유 - 밭의 소출(16), 곡식 쌓아 둘
           곳(17), 곳간(18)

12:22-34   목숨과 몸을 위하여 염려하지 말라 - 골방과
           창고(24), 아버지의 나라(32), 낡아지지 아
           니하는 배낭, 하늘(33), 보물이 있는 곳(34)

12:35-48   깨어 준비하고 있으라 - 혼인 집

12:49-53   불을 던지러, 분쟁을 일으키러 왔다.

12:54-13:35   이스라엘에 대한 회개와 심판설교

12:54-59   시대를 분간하고 화해하기를 힘쓰라!

13:1-5   회개하지 아니하면 망하리라 - 갈릴리 사람
           들 18명, 실로암 망대, 예루살렘

13:6-9   열매 맺지 못하는 무화과나무 비유, 포도원

13:10-17   안식일에 한 회당에서 18년 꼬부라진 여자
           치유 - 한 회당, 외양간

13:18-21   겨자씨와 누룩비유 - 채소밭, 누룩 - 하나님
           의 나라

13:22-30   예수님께서 각 성 마을로 다니사 가르치시며
           예루살렘으로 여행 - 좁은 문으로 들어가라!
           길거리, 하나님 나라와 밖. 동서남북, 하나
           님 나라 잔치

13:31-35   선지자들을 죽이는 예루살렘아, 여우 헤롯,
           암탉, 집

14:1-17:19 낮은 자들의 공동체

14:1-35 수종병자의 치유, 식탁 예절, 큰 만찬의 비유, 망
    대 - 전쟁 비유, 맛 잃은 소금
  14:1-6   안식일에 예수님께서 한 바리새인 지도자이
            집에 떡 잡수시러 들어가 수종병자 치유. 소
            가 우물에 빠짐
  14:7-14   끝자리에 앉으라, 혼인잔치의 높은 자리
  14:15-24 큰 잔치 비유, 하나님의 나라, 밭, 소 다섯 겨
            리, 시내의 거리와 골목으로 나가고 길과 산
            울타리가로 나가서
  14:25-35 제자가 되는 길 - 망대

15:1-32 함께 기뻐함: 잃어버린 양, 동전, 아들의 비유
  15:1-7   잃은 양을 찾은 목자 비유 - 집, 하늘
  15:8-10   잃은 드라크마를 찾은 여인 비유 - 집
  15:11-32 잃은 아들을 되찾은 아버지 비유 - 먼 나라,
            들에서 돼지를 침, 돼지 치는 쥐엄 열매 - 손
            에 가락지, 발에 신, 살진 송아지, 밭, 풍악
            과 춤추는 소리, 염소 새끼

16:1-31 모든 의 - 율법의 요구는 소유와의 관계에서 현실
    화 된다.
  16:1-13   옳지 않은 청지기 비유 - 땅, 집, 기름 백 말,
            영주할 처소

16:14-18　율법과 하나님 나라의 복음 - 천지

16:19-31　부자와 거지 나사로 - 자색 옷과 고운 베옷,
　　　　　　대문, 개들, 아브라함의 품, 음부, 구렁텅이,
　　　　　　내 아버지의 집

17:1-19　낮아짐의 제자도

17:1-10　용서, 믿음, 종이 할 일 - 연자맷돌(2), 겨자
　　　　　씨 한 알, 뽕나무(6), 양을 침(7)

17:11-19　나병환자 열 명 치유 - 예수님께서 예루살렘
　　　　　으로 가실 때 사마리아와 갈릴리 사이로 지
　　　　　나가시다가 한 마을에 들어가시니…

17:20-18:30 묵시1, 종말설교로 끝나는 예수님의 선포사역

17:20-37　하나님 나라는 너희 안에 있다

18:1-8　과부와 재판장 비유

18:9-14　바리새인과 세리 비유

18:15-17　어린아이들을 금하지 말라

18:18-30　부자관리

18:31-19:27 예루살렘 사역의 준비

18:31-34　세 번째 수난예고

18:35-43　시각장애인 치유

19:1-10　예수님과 삭개오

19:11-27   은 열므나 비유

배경

나병환자는 제사장에 의해 진찰되었으며(레 13장) 부정한
자로 간주되어 이스라엘 진영 밖으로 축출되었고(민 5:2), 치유
후에도 제사장의 확인이 필요하였다(레 14장). 나병은 저주의
표시로도 언급되고 있다(삼하 3:29, 대하 26:20이하). 열 명의
나병환자가 등장하는 본 사화는 치유 받은 자의 수에 있어서 열
왕기하 7:3,8을, 전체 구성에 있어서 열왕기하 5:1-15에 나오는
나아만의 나병치유를 상기시킨다. 나아만은 아람 왕의 군대 장
관으로서 선지사 엘리사를 통해 나병이 치유되어 여호와를 경배
할 것을 약속한 인물이다(비교. 눅 4:27). 신약성경에서 나병은
복음서에서만 등장한다. 나병환자의 치유는 이적들과 함께 예
수님의 메시아적 통치를 알리는 표시이며(마 11:5// 눅 7:22, 막
1:40// 마 8:2), 예수님 자신이 나병환자의 집에 식사를 하기도
한다(막 14:3// 마 26,6). 사마리아와 갈리리 사이의 경계지역
을 배경으로 한 이 사화는 예수님과 열 명의 문둥병자와의 만남
및 치유에 관해 서술한다. 기적을 행하시는 예수님의 치유능력
뿐만 아니라(눅 5:12-14), 치유 받은 사람의 감사하는 태도와
구원에 관심을 집중하므로, 병의 치유가 구원 자체가 아님을 알
려준다. 기적은 예수를 믿는 믿음의 길과 연결될 때 그 참된 의미
가 발견될 수 있다. 본 사화에서 예수님은 선생으로서 믿음과 소
명이 무엇인지를 가르친다. 치유 받고 감사한 자를 사마리아인
으로 강조함으로 소외받은 받은 자들의 구원에 대한 누가의 독

특한 관심을 표현한다.

내용

　　예수님은 사마리아와 갈릴리 사이의 경계를 따라 예루살렘
을 향하여 여행한다. 사마리아인의 등장으로(16절), 갈릴리 보
다 사마리아가 먼저 언급된 것으로 보인다(11절). 구체적인 지
명이 밝혀지지 않은 한 마을로 예수님께서 들어가실 때 경계지역
에서 열 명의 나병환자를 만난다. 부정한 자로 취급되어 사람의
접촉을 피해 사람들이 거주하는 지역 근처를 돌아다니며 구걸하
여 살고 있었던 '나병환자들'이 기적을 행하는 예수님에 대한 소
문을 들었으나 직접 접촉을 피하여 예수님을 멀리서 쳐다본다
(12절) 이어서 예수님을 향해 소리를 높여 간청한다(행 4:24).
그들은 예수님을 '가르치는 자'와 동일한 의미의 '선생님(에피스
타테스)'으로 부르며, 그를 향해 "우리를 불쌍히 여기소서"라고
자비를 요청한다(눅 16:24; 18:38-39)(13절). 구체적인 치유행
위 없이 예수님께서 그들을 보고 제사장들에게 몸을 보이라고
명한다. 나병의 치유이후 제사장 방문은 치유 받은 자가 정상적
인 사회생활을 위해 복귀하는 확인의 절차이다(눅 5:14; 레
13:49; 14:2-3). 단수인 제사장이 아니라, 복수인 '제사장들'에
게 보일 것을 명한 것으로 보아 열 명의 문둥병자들은 유대인들
과 사마리아인들로 구성되었을 것이다. 제사장들에게 가는 도
중에 그들이 치유함을 받으며, '정결하게 되는 것'으로 표현되고
있다. 예수님께서 직접 손을 대지 않고 먼 거리에서 치유의 이적
을 행하셨다(열하 5:10-14 나만의 치유)(14절). 치유 받은 자들

중 오직 한 사람이 큰 소리로 하나님께 영광을 돌리면서 예수님 께 돌아온다(15절). 예수님께 되돌아온 이 문둥병자는 치유 받기 이전이 아니라(눅 8:41, 행 5:10), 치유를 받은 후에 예수님의 발아래에 엎드리어 감사를 표한다(눅 18:11; 22:17,19; 요한 11:41). 예수님을 구주로 인정하는 신앙고백과 경배이며, 예수 님을 따르겠다는 제자로서의 참된 순종이 감사로 표현되고 있 다. 감사를 드린 자는 사마리아인으로 언급된다(16절). 예수님 께서 깨끗함은 받은 다른 나병병자 아홉 명이 어디에 있는지를 물으시며(17절), 예루살렘 성전의 내부 경계지역 안으로 들어오 는 것이 금지된 비유대출신의 이 이방인 외에 하나님의 이적을 체 험하고 감사하는 자가 없느냐고 말한다. 예수님께 돌아오는 것 자체가 이적 치유의 감사를 넘어 하나님께 영광을 돌리는 것이 다(18절). 나병의 치유를 받고 큰 소리로 하나님께 영광을 돌리 며 돌아와 예수님의 발 아래 엎드려 감사한 사마리아인의 행동 을 예수님께서 '믿음'의 행동으로 인정한다. 이제 믿음의 행위가 치유를 넘어 구원을 일으킨다. 예수님께서 사회적으로 종교적으 로 소외되어 변두리에 머무는 주변인이었던 사마리아인 나병환 자에게 구원을 선포하며 새로운 소명을 부여한다. "일어나 가라 네 믿음이 너를 구원하였느니라"(19절). 제자도의 길은 계속되 는 여정의 길이다. 참된 제자도는 감사와 연결된다.

【 성지 읽기 ┃ 5분

❶ 여리고 와디파리(WadiAlFar'a)

와디파리는 요르단 강에서 뻗은 건곡의 이름이며, 여기에 와
디파리 마을이 위치한다. 와디파리는 투바스 서남 5km에 위치
하는 요르단 서안지구 북동쪽 투바스 주의 팔레스타인 마을이
다. 대지 면적은 12㎢이며, 이 중 337㎡는 시가지, 10,500㎡은
농업지역이다. 이 곳은 팔레스타인 자치정부의 철저한 통제 아
래 있으며, Far'a 난민 수용소에 인접해 있다. 팔레스타인 중앙
통계청에 따르면, 와디파리에는 2,340명의 주민 인구가 있다.

http://en.wikipedia.org/wiki/Wadi_Fara; http://proxy.arij.org/tubas/static/localities/profiles/115_Profile.pdf

❷ 사마리아(그리심산 전망)

❸ 세겜(야곱의 우물)

❹ [JususTrail2] 성조지수도원(St.GeorgeMonastery)에
서 와디 켈트를 따라 여리고까지

❺ 여리고

여리고 성벽 터

삭개오 뽕나무

엘리사의 샘

시험산

【 성경과 성지 이해

1. 위의 성경지도에서 예루살렘을 향하는 예수님의 여정을 누가복음에 기록된 대로 그려봅시다.

2. 누가복음에서 '사마리아'('오므리의 집/소유') 지역은 예수님의 어느 사역들과 관련되고 있습니까? (눅 9:51-56; 10:25-37; 17:11-19; 요 4:1-42; 행 1:8; 8:1-25; 9:31; 15:3; 비교, 마 10:5)

3. 누가복음에서 '여리고'(Jericho, '달'[Yareah, 가나안]) 지역은 예수님의 어느 사역들과 관련되고 있습니까? (눅 10:30; 18:35; 19:1; 마 20:29; 막 10:46; 히 11:30; 비교. 수 2-3장, 6:25)

http://en.wikipedia.org/wiki/Jericho

4. 그리심산 및 에
   발산과 관련된
   성경 본문을 찾
   아봅시다. 어느
   사건이 관련되어
   있습니까?

5. 신약성경에서 야곱의 우물은 어디에 언급되고 있습니까? 지도에서 세겜(Shechem, '어깨')의 위치를 찾아봅시다.

*http://en.wikipedia.org/wiki/Shechem

6. 성 조지 수도원 (St. George Monastery)에서 와디 켈트를 따라 여리고까지 걷는 예수님의 여행의 경로를 지도에서 그려봅시다. (앞의 질문1 상단 참조)

7. 예루살렘을 향해 가시는 예수님의 여정에 관한 누가복음의
   다음 내용 중 괄호 안에 지명 등을 채우고 지도에서 찾아봅시
   다.

사마리아의 마을에서 예수님을 받아들이지 않음 9:51-56

51예수께서 승천하실 기약이 차가매 (예루살렘)을 향하여
올라가기로 굳게 결심하시고 52사자들을 앞서 보내시매 그
들이 가서 예수를 위하여 준비하려고 (사마리아)인의 한
마을에 들어갔더니 53예수께서 예루살렘을 향하여 가시기
때문에 그들이 받아들이지 아니 하는지라 54제자 야고보
와 요한이 이를 보고 이르되 주여 우리가 불을 명하여 하
늘로부터 내려 저들을 멸하라 하기를 원하시나이까 56함
께 다른 마을로 가시니라

칠십 인의 제자들 파송 10:1-16 (마 11:20-24)

1그 후에 주께서 따로 칠십 인을 세우사 친히 가시려는 각
동네와 각 지역으로 둘씩 앞서 보내시며 8어느 동네에 들
어가든지 너희를 영접하거든 너희 앞에 차려놓는 것을 먹
고 9거기 있는 병자들을 고치고 또 말하기를 하나님의 나
라가 너희에게 가까이 왔다 하라 10어느 동네에 들어가든
지 너희를 영접하지 아니하거든 그 거리로 나와서 말하되
11너희 동네에서 우리 발에 묻은 먼지도 너희에게 떨어버리

노라 그러나 하나님의 나라가 가까이 온 줄을 알라 하라
12내가 너희에게 말하노니 그 날에 (소돔)이 그 동네보다
견디기 쉬우리라 13화 있을진저 (고라신)아, 화 있을진저
(벳새다)야, 너희에게 행한 모든 권능을 (두로)와 (시돈)
에서 행하였더라면 그들이 벌써 베옷을 입고 재에 앉아 회
개하였으리라 14심판 때에 (두로)와 (시돈)이 너희보다 견
디기 쉬우리라 15(가버나움)아 네가 하늘에까지 높아지겠
느냐 음부에까지 낮아지리라

강도 만난 사람과 사마리아인의 비유 10:25-37

30예수께서 대답하여 이르시되 어떤 사람이 (예루살렘)에
서 (여리고)로 내려가다가 강도를 만나매 강도들이 그 옷
을 벗기고 때려 거의 죽은 것을 버리고 갔더라 31마침 한
제사장이 그 길로 내려가다가 그를 보고 피하여 지나가고
32또 이와 같이 한 레위인도 그 곳에 이르러 그를 보고 피하
여 지나가되 33어떤 (사마리아) 사람은 여행하는 중 거기
이르러 그를 보고 불쌍히 여겨 34가까이 가서 기름과 포도
주를 그 상처에 붓고 싸매고 자기 짐승에 태워 주막으로
데리고 가서 돌보아 주니라

마르다와 마리아 10:38-42

38그들이 길 갈 때에 예수께서 한 마을에 들어가시매 (마르
다)라 이름하는 한 여자가 자기 집으로 영접하더라

기도를 가르치심 11:1-13 (마 6:9-15; 7:7-11)

¹예수께서 한 곳에서 기도하시고 마치시매 제자 중 하나가 여짜오되 주여 요한이 자기 제자들에게 기도를 가르친 것 과 같이 우리에게도 가르쳐 주옵소서 ⁶내 벗이 여행 중에 내게 왔으나 내가 먹일 것이 없노라 하면

바리새인과 율법교사들에 대한 여섯 가지 화 11:37-53 (마 23:1-36; 막 12:38-40; 눅 20:45-47)

³⁷예수께서 말씀하실 때에 한 바리새인이 자기와 함께 점 심 잡수시기를 청하므로 들어가 앉으셨더니 ⁴³화 있을진저 너희 바리새인이여 너희가 (회당)의 높은 자리와 (시장)에 서 문안 받는 것을 기뻐하는도다 ⁴⁴화 있을진저 너희여 너 희는 (평토장)한 (무덤) 같아서 그 위를 밟는 사람이 알지 못하느니라 ⁴⁷화 있을진저 너희는 (선지자)들의 (무덤)을 만드는도다 그들을 죽인 자도 너희 조상들이로다 ⁵¹곧 아 벨의 피로부터 (제단)과 (성전) 사이에서 죽임을 당한 사 가랴의 피까지 하리라 내가 너희에게 이르노니 과연 이 세 대가 담당하리라 ⁵³거기서 나오실 때에 서기관과 바리새인 들이 거세게 달려들어 여러 가지 일을 따져 묻고

회개하지 아니하면 망하리라 13:1-5

¹그 때 마침 두어 사람이 와서 빌라도가 어떤 (갈릴리) 사람들의 피를 그들의 제물에 섞은 일로 예수께 아뢰니 ²대답하여 이르시되 너희는 이 (갈릴리) 사람들이 이같이 해 받으므로 다른 모든 (갈릴리) 사람보다 죄가 더 있는 줄 아느냐 ³너희에게 이르노니 아니라 너희도 만일 회개하지 아니하면 다 이와 같이 망하리라 ⁴또 (실로암)에서 망대가 무너져 치어 죽은 열여덟 사람이 (예루살렘)에 거한 다른 모든 사람보다 죄가 더 있는 줄 아느냐 (헬, 빚진 것이)

열매 맺지 못하는 무화과나무 비유 13:6-9

⁶이에 비유로 말씀하시되 한 사람이 포도원에 (무화과나무)를 심은 것이 있더니 와서 그 열매를 구하였으나 얻지 못한지라

안식일에 꼬부라진 여인 치유 13:10-17

¹⁰예수께서 안식일에 한 회당에서 가르치실 때에 ¹⁵주께서 대답하여 이르시되 외식하는 자들아 너희가 각각 안식일에 자기의 소나 나귀를 외양간에서 풀어내어 이끌고 가서 물을 먹이지 아니하느냐

겨자씨와 누룩 비유 13:18-21 (마 13:31-33; 막 4:30-32)

19마치 사람이 자기 (채소밭)에 갖다 심은 겨자씨 한 알 같으니 자라 나무가 되어 공중의 새들이 그 가지에 깃들였느니라 20또 이르시되 내가 하나님의 나라를 무엇으로 비교할까

좁은 문으로 들어가라 13:22-30 (마 7:13-14, 21-23)

22예수께서 각 성 각 마을로 다니사 가르치시며 (예루살렘)으로 여행하시더니 23어떤 사람이 여짜오되 주여 구원을 받는 자가 적으니이까 그들에게 이르시되 24좁은 문으로 들어가기를 힘쓰라 내가 너희에게 이르노니 들어가기를 구하여도 못하는 자가 많으리라

선지자들을 죽이는 예루살렘아 13:31-35 (마 23:37-39)

33그러나 오늘과 내일과 모레는 내가 갈 길을 가야 하리니 선지자가 (예루살렘) 밖에서는 죽는 법이 없느니라 34예루살렘아 예루살렘아 선지자들을 죽이고 네게 파송된 자들을 돌로 치는 자여 암탉이 제 새끼를 날개 아래에 모음 같이 내가 너희의 자녀를 모으려 한 일이 몇 번이냐 그러나 너희가 원하지 아니하였도다 35보라 너희 집이 황폐하여 버린 바 되리라 내가 너희에게 이르노니 너희가 주의 이름으로 오시는 이를 찬송하리로다 할 때까지는 나를 보지 못하리라 하시니라

용서, 믿음, 종이 할 일 17:1-10 (마 18:6-7; 21:22; 막 9:42)

²그가 이 작은 자 중의 하나를 실족하게 할진대 차라리 (연자맷돌)이 그 목에 매여 바다에 던져지는 것이 나으리라 ⁶주께서 이르시되 너희에게 (겨자씨) 한 알만한 믿음이 있었더라면 이 (뽕나무)더러 뿌리가 뽑혀 바다에 심기어라 하였을 것이요 그것이 너희에게 순종하였으리라 ⁷너희 중 누구에게 밭을 갈거나 양을 치거나 하는 종이 있어 밭에서 돌아오면 그더러 곧 와 앉아서 먹으라 말할 자가 있느냐

나병환자 열 명 치유 17:11-19

¹¹예수께서 예루살렘으로 가실 때에 (사마리아)와 (갈릴리) 사이로 지나가시다가 ¹²한 마을에 들어가시니 나병환자 열 명이 예수를 만나 멀리 서서 ¹⁶예수의 발 아래에 엎드리어 감사하니 그는 (사마리아) 사람이라

시각 장애인 치유18:35-43 (마 20:29-34; 막 10:46-52)

(여리고)에 가까이 가셨을 때에 한 맹인이 길 가에 앉아 구걸하다가 ³⁶무리가 지나감을 듣고 이 무슨 일이냐고 물은대 ³⁷그들이 (나사렛) 예수께서 지나가신다 하니

예수님과 삭개오 19:1-10

¹예수께서 (여리고)로 들어가 지나가시더라 ⁴앞으로 달려
가서 보기 위하여 돌무화과나무에 올라가니 이는 예수께
서 그리로 지나가시게 됨이러라 ⁵예수께서 그 곳에 이르사
쳐다 보시고 이르시되 삭개오야 속히 내려오라 내가 오늘
네 집에 유하여야 하겠다 하시니 ⁹예수께서 이르시되 오늘
구원이 이 집에 이르렀으니 이 사람도 아브라함의 자손임
이로다

은 열 므나 비유 19:11-27 (마 25:14-30)

¹¹그들이 이 말씀을 듣고 있을 때에 비유를 더하여 말씀하
시니 이는 자기가 (예루살렘)에 가까이 오셨고 그들은 하
나님의 나라가 당장에 나타날 줄로 생각함이더라 ¹²이르
시되 어떤 귀인이 왕위를 받아가지고 오려고 먼 나라로 갈
때에 ¹⁹주인이 그에게도 이르되 너도 다섯 고을을 차지하
라 하고 ²²주인이 이르되 악한 종아 내가 네 말로 너를 심
판하노니 너는 내가 두지 않은 것을 취하고 심지 않은 것
을 거두는 엄한 사람인 줄로 알았느냐 ²³그러면 어찌하여
내 돈을 은행에 맡기지 아니하였느냐 그리하였으면 내가
와서 그 이자와 함께 그 돈을 찾았으리라 하고

삭개오와 뽕나무

엘리사와 엘리사 샘

성지 묵상 나누기

소그룹 모임 | 35분

【 묵상 | 10분

【 시청각 나눔 | 10분

【 개인·교회·세상에 적용하기 | 10분

【 소그룹 마무리 | 5분

마무리하기
대그룹 모임 ㅣ 10분

【 조별 발표 ㅣ 5분

【 다음 묵상과 성지답사 및 기타 안내 ㅣ 5분

> 베다니-나사로의 무덤, 감람산, 벳바게교회,
> 승천교회, 주기도문교회, 눈물교회, 겟세마네 교회,
> 시온산 베드로통곡교회, 마가 다락방,
> 제2성전 모델(Israel Museum)

8 과

예루살렘 입성

감람산에서
기도하시다
(눅 22:39-46)

본문으로 들어가기

대그룹 모임 | 5분

【 찬양 】 | 5분

찬송가 425장

주님의 뜻을 이루소서

1. 주님의 뜻을 이루소서, 고요한 중에 기다리니
   진흙과 같은 날빚으사, 주님의 형상 만드소서
2. 주님의 뜻을 이루소서, 주님 발 앞에 엎드리니
   나의 맘 속을 살피시사, 눈보다 희게 하옵소서
3. 주님의 뜻을 이루소서, 병들어 몸이 피곤할 때
   권능의 손을 내게 펴사, 강건케 하여 주옵소서
4. 주님의 뜻을 이루소서, 온전히 나를 주장하사
   주님과 함께 동행함을, 만민이 알게 하옵소서 아멘.

【 성경 읽기 】 5분

문맥 ❶ 사복음서에서 수난으로의 길

내용	마태	마가	누가	요한
제사장들, 장로들의 음모	26:1-5	14:1-2	22:1-2	11:45-53
베다니 향유 사건	26:6-13			
유다의 배반	26:1-5, 14-16	14:10-11	22:3-6	
최후의 만찬	26:17-29	14:12-26	22:7-23, 21-25	13:21-26, 26-28
베드로의 부인 예고	26:30-35	14:26-31	22:31-34	13:36-38
겟세마네 기도	26:36-46	14:32-42	22:39-46 (감람산)	

문맥 ❷ 누가복음에서 수난으로의 길

19:28-21:38 예루살렘에서 예수님의 사역, 묵시2(21장)

19:28-21:4　예루살렘에서 예수님의 사역들

　19:28-44　　예루살렘을 향하여 가시다

　19:45-48　　성전에 들어가신 예수님

　20:1-8　　　예수님의 권위 논쟁

　20:9-18　　　포도원 농부 비유

20:19-26   세금 논쟁

20:27-40   부활 논쟁

20:41-44   그리스도와 다윗의 자손

20:45-47   서기관들을 섬기라

21:1-4   가난한 과부의 헌금

21:5-38 종말설교

21:5-9   성전이 무너뜨려질 것을 이르시다

21:10-19   환난의 징조

21:20-28   예루살렘의 환난과 인자의 오심

21:29-33   무화과나무에서 배울 교훈

21:34-38   항상 기도하며 깨어 있으라

22:1-23:56 예수님의 수난

22:1-38 유다의 배반과 마지막 만찬

22:1-6   유다의 배반

22:7-13   유월절 준비

22:14-23   마지막 만찬

22:24-34   베드로의 부인

22:35-38   전대와 배낭과 검

22:39-23:56 예수님의 수난과 죽음

22:39-46   감람 산에서 기도하시다 (겟세마네)

22:46-23:56   예수님의 수난과 죽음

배경

이 본문은 감람산에서 행하신 예수님의 기도를 묘사한다. 병행본문인 마태복음 26:36-46과 마가복음 14:32-42은 예수님께서 기도하신 장소를 겟세마네로 보도하지만, 누가는 감람산으로 밝히고 있다. 감람산은 예루살렘보다 140피트 정도 밖에 높지 않았으며 아주 외떨어진 곳은 아니다. 예수님께서 자신을 위협하는 다가 올 수난을 제거해 줄 것을 하나님께 간구한다. 그러나 간구하는 가운데 예수님께서 죄인들의 손에 이끌리어 죄인들을 위해 죽음을 맞이하는 수난이 하나님의 뜻임을 재확인하고, 제자들을 향해 "유혹에 빠지지 않고, 시험에 들지 않기 위해" 기도할 것을 반복하여 강조한다. 기도하는 예수님을 하늘의 천사가 돕고, 예수님 자신이 '힘쓰고,' '애써,' '더욱 간절히' 기도하여 땀이 땅에 떨어지는 핏방울 같이 되었다는 표현으로 어떻게 기도해야 하는 지를 제시한다. 본문은 기도하는 기독교인의 경건생활을 간접적으로 권고한다. 복음서 전체에서 기도는 그 당시 유대인들의 종교 사회적 전통으로 나타난다. 일반적으로 유대인들은 성전 기도의 전통을 가지고 있었고(1:10; 18:10), 바리새인들은 자기 의를 나타내어 높아지고자 따로 서서 기도하거나(18:10 이하), 서기관들은 외식으로 길게 기도하기도 하였다(20:47). 복음서는 예수님을 기도를 가르치는 교사로(11:2), 한적한 곳(5:16, 비교. 11:1), 산(6:12, 9:28, 22:40) 등 장소를 불문하고 기도하는 사람으로 설명한다. 세례를 받으실 때(3:21)나 치유이적을 행하신 후(5:16), 영광스러운 모습으로 변화되실 때(9:28)를 비롯하여 중요한 사건마다 습관적으로 또는 장시간 기도하는 예수님의 모습이 묘사된다.

내용

예수님께서 습관을 따라 감람산에 가신다. 그가 규칙적으로 기도했음을 나타낸다. 예수님께서 먼저 산에 오르셨고 그 뒤를 제자들이 뒤따른다(39절). '그 곳'은 예수님과 제자들이 일상적으로 모인 장소로 추정된다. 유혹에 빠지지 않게 기도할 것에 대한 예수님의 말씀은 임박한 예수님의 죽음에 맞대어 제자들 자신이 믿음을 상실할 위험에 직면해 있음을 암시한다(40절). 예수님께서 제자들로부터 '돌 던질 만큼' 일정 거리 떨어져서 그 곳에서 무릎을 꿇고 기도한다. 서서하는 기도 자세와 비교하여 무릎을 꿇고 하는 기도는 예수님의 겸손함과 특별한 집중이 필요한 상황의 긴박감을 나타낸다(41절). 예수님의 기도는 '아버지여'를 부르며 시작한다(막 14:36). "이 잔을 내게서 옮기시옵소서"라는 간구에서 '이 잔'은 예수님의 수난을 암시하며, 하나님의 진노와 연결된 고통을 지시한다. "아버지의 뜻이거든"이라는 단서를 붙임으로 예수님 자신의 간구를 넘어서 하나님의 뜻을 받아들일 준비가 되었음을 표현한다. "내 원대로 마시옵고 아버지의 원대로 되기를 원한다."는 기도에서 예수님의 헌신이 예고된다(42절). 천사가 하늘로부터 나타난 것은 예수님께서 자신이 수난 받을 것을 받아들인 후에 예수님의 기운을 북돋기 위한 것이거나, 예수님의 기도가 결국 사탄과의 대결이었음을 의미하는 것이거나, 기도에 대한 하나님의 응답일 수도 있다(비교. 왕상

19:5-6, 막 1:13, 마 4:11, 신 10:17-18, 사 41:9-10, 42:6)(43절). 예수님께서 천사의 도움으로 기도하셨다. 그의 간절한 기도는 도래할 수난을 이기는 승리를 예축하게 한다. 열심히 기도하며 흘린 예수님의 땀이 땅에 떨어지는 핏방울 같이 될 정도로 그의 기도는 강렬하였다(44절). 기도 후에 예수님께서 일어난 것은 부활의 상징을 가리킬 수 있다. 예수께서 일어나 제자들에게 간 것은 재림에 대한 선취적 예고일 수 있다(비교. 막 13:36-37). 제자들은 예수님의 죽음과 그로 인한 고별의 상황에서 슬픔으로 인하여 잠들어 있었다(45절). 잠자는 제자들을 향해 예수님께서 "어찌하여 자느냐"고 꾸짖으신다. 이어서 "일어나 기도하라"는 권고적 명령이 이어진다. 예수님께서 기도를 권면하며, 기도의 목적이 "시험에 들지 않기 위함"(40절)임을 다시 강조한다(46절).

【 성지 읽기 】 5분

❶ 베다니 나사로의 무덤(눅 19:1,29; 24:50 등)

❷ 감람산(눅 21:37, 22:39: 행1:12)

❸ 벳바게교회

❹ 승천교회

❺ 주기도문교회

❻ 눈물교회

❼ 겟세마네교회

❽ 시온산 베드로통곡교회(눅 22)

❾ 마가 다락방(눅 22)

❿ 제2성전 모델(Israel Museum)

【 성경과 성지 이해

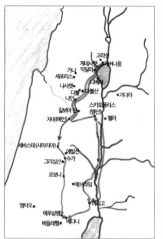 

1. 위의 지도에서 예루살렘의 수난을 향해 나가는 예수님의 여정을 그려봅시다.

2. 예수님께서 두 제자에게 "너희는 맞은편 마을로 가라 그리로 들어가면 아직 아무도 타 보지 않은 나귀 새끼가 매여 있는 것을 보리니 풀어 끌고 오라"는 말씀을 하신 지역은 어디 입니까? 그 위치를 찾아봅시다. (19:28-29) (Bethphage, 'House of un-ripe figs' 눅 19:29)

3. 베다니('무화과의 집, 엘 아리제리아')와 관련하여 누가가 언급하는 사건은 무엇입니까? (눅 19:1,29; 24:50등)

위치	이스라엘
좌표	31°46′12″N 35°15′52″E
인구	17,606(2007년)
이름의 의미	나사로의 장소

http://en.wikipedia.org/wiki/al-Eizariya

4. 예수님께서 습관을 따라 기도하신 장소는 어디입니까? 지도에서 찾아봅시다. (눅 21:37, 22:39: 행1:12)

5. 아래 교회들과 관련된 누가복음의 구절을 찾아봅시다. (참조, 요 11:35)

승천교회(위치: 예루살렘)

주기도문교회(위치: 예루살렘)

눈물교회 (위치:예루살렘)

겟세마네교회 (위치:예루살렘)

베드로통곡교회 (위치:예루살렘)

6. 마지막 만찬의 장소로 언급되는 곳은 어디입니까? (눅 22:12;
   행 1:13; 막 14:15)

7. 예수님의 수난을 향한 예루살렘 여정에 관한 누가복음의 다
  음 내용 중 괄호 안에 지명 등 을 채우고 지도에서 찾아봅시
  다.

예루살렘을 향하여 가시다 19:28-44 (마 21:1-11; 막 11:1-11; 요 12:12-19)

²⁸예수께서 이 말씀을 하시고 (예루살렘)을 향하여 앞서서
가시더라 ²⁹(감람원)이라 불리는 (산)쪽에 있는 (벳바게)
와 (베다니)에 가까이 가셨을 때에 제자 중 둘을 보내시며
³⁰이르시되 너희는 맞은편 마을로 가라 그리로 들어가면 아
직 아무도 타 보지 않은 나귀 새끼가 매여 있는 것을 보리
니 풀어 끌고 오라 ³⁷이미 (감람 산) (내리막)길에 가까이
오시매 제자의 온 무리가 자기들이 본 바 모든 능한 일로
인하여 기뻐하며 큰 소리로 하나님을 찬양하여 ³⁸이르되
찬송하리로다 주의 이름으로 오시는 왕이여 하늘에는 평
화요 가장 높은 곳에는 영광이로다 하니 ³⁹무리 중 어떤
바리새인들이 말하되 선생이여 당신의 제자들을 책망하소
서 하거늘 ⁴⁰대답하여 이르시되 내가 너희에게 말하노니
만일 이 사람들이 침묵하면 돌들이 소리 지르리라 하시니
라 ⁴¹가까이 오사 성을 보시고 우시며 ⁴³날이 이를지라 네
원수들이 (토둔)을 쌓고 너를 둘러 사면으로 가두고 ⁴⁴또
너와 및 그 가운데 있는 네 자식들을 땅에 메어치며 돌 하
나도 돌 위에 남기지 아니하리니 이는 네가 보살핌 받는 날
을 알지 못함을 인함이니라 하시니라

성전에 들어가신 예수님 19:45-48 (마 21:12-17; 막 11:15-19; 요 2:13-22)

⁴⁵(성전)에 들어가사 장사하는 자들을 내쫓으시며 ⁴⁶그들에게 이르시되 기록된 바 내 집은 기도하는 집이 되리라 하였거늘 너희는 강도의 소굴을 만들었도다 하시니라 ⁴⁷예수께서 (날마다) 성전에서 가르치시니 대제사장들과 서기관들과 백성의 지도자들이 그를 죽이려고 꾀하되

그리스도와 다윗의 자손 20:41-44 (마 22:41-46; 막 12:35-37)

⁴¹예수께서 그들에게 이르시되 사람들이 어찌하여 그리스도를 다윗의 자손이라 하느냐 ⁴²시편에 다윗이 친히 말하였으되 주께서 내 주께 이르시되(시 110:1) ⁴³내가 네 원수를 네 (발등상)으로 삼을 때까지 내 우편에 앉았으라 하셨도다 하였느니

예루살렘의 환난과 인자의 오심 21:20-28 (마 24:15-21, 29-31; 막 13:14-19, 24-27)

²⁰너희가 (예루살렘)이 군대들에게 에워싸이는 것을 보거든 그 멸망이 가까운 줄을 알라 ²¹그 때에 유대에 있는 자들은 산으로 도망갈 것이며 성내에 있는 자들은 나갈 것이

며 촌에 있는 자들은 그리로 들어가지 말지어다 22이 날들
은 기록된 모든 것을 이루는 징벌의 날이니라 23그 날에는
아이 밴 자들과 젖먹이는 자들에게 화가 있으리니 이는 땅
에 큰 환난과 이 백성에게 진노가 있겠음이로다 24그들이
칼날에 죽임을 당하며 모든 이방에 사로잡혀 가겠고 (예
루살렘)은 이방인의 때가 차기까지 이방인들에게 밟히리
라 25일월 성신에는 징조가 있겠고 땅에서는 민족들이 바
다와 파도의 성난 소리로 인하여 혼란한 중에 곤고하리라
26사람들이 세상에 임할 일을 생각하고 무서워하므로 기절
하리니 이는 하늘의 권능들이 흔들리겠음이라

항상 기도하며 깨어 있으라 21:34-38

34너희는 스스로 조심하라 그렇지 않으면 방탕함과 술취함
과 생활의 염려로 마음이 둔하여지고 뜻밖에 그 날이 덫과
같이 너희에게 임하리라 35이 날은 온 지구상에 거하는 모
든 사람에게 임하리라 37예수께서 낮에는 성전에서 가르치
시고 밤에는 나가 감람원이라 하는 산에서 쉬시니 38모든
백성이 그 말씀을 들으려고 이른 아침에 성전에 나아가더
라

유월절 준비 22:7-13 (마 26:17-25; 막 14:12-21; 요 13:21-30)

10이르시되 보라 너희가 (성내)로 들어가면 물 한 동이를
가지고 가는 사람을 만나리니 그가 들어가는 집으로 따라

들어가서 ¹¹그 집 주인에게 이르되 선생님이 네게 하는 말씀이 내가 내 제자들과 함께 유월절을 먹을 객실이 어디 있느냐 하시더라 하라 ¹²그리하면 그가 자리를 마련한 큰 (다락방)을 보이리니 거기서 준비하라 하시니 ¹³그들이 나가 그 하신 말씀대로 만나 (유월절)을 준비하니라

마지막 만찬 22:14-23 (마 26:26-30; 막 14:22-26; 고전 11:23-25)

¹⁶내가 너희에게 이르노니 이 유월절이 하나님의 나라에서 이루기까지 다시 먹지 아니하리라 하시고

전대와 배낭과 검 22:35-38

³⁵그들에게 이르시되 내가 너희를 전대와 배낭과 신발도 없이 보내었을 때에 부족한 것이 있더냐 이르되 없었나이다 ³⁶이르시되 이제는 전대 있는 자는 가질 것이요 배낭도 그리하고 검 없는 자는 겉옷을 팔아 살지어다 ³⁸그들이 여짜오되 주여 보소서 여기 검 둘이 있나이다 대답하시되 족하다 하시니라

감람 산에서 기도하시다 22:39-46 (마 26:36-46; 막 14:32-42)

³⁹예수께서 나가사 습관을 따라 (감람 산)에 가시매 제자

들도 따라갔더니 ⁴¹그들을 떠나 돌 던질 만큼 가서 무릎
을 꿇고 기도하여 ⁴²이르시되 아버지여 만일 아버지의 뜻
이거든 이 잔을 내게서 옮기시옵소서 그러나 내 원대로 마
시옵고 아버지의 원대로 되기를 원하나이다 하시니 ⁴³천사
가 하늘로부터 예수께 나타나 힘을 더하더라 ⁴⁴예수께서
힘쓰고 애써 더욱 간절히 기도하시니 (땀)이 땅에 떨어지
는 (핏방울) 같이 되더라

성지 묵상 나누기

소그룹 모임 | 35분

【 묵상 | 10분

【 시청각 나눔 | 10분

【 개인·교회·세상에 적용하기 | 10분

【 소그룹 마무리 | 5분

마무리하기
대그룹 모임 ㅣ10분

【 **조별 발표** ㅣ5분

【 **다음 묵상과 성지답사 및 기타 안내** ㅣ5분

> [비아 돌로로사] 십자가의 길 14처소, 성묘교회,
> 가든툼-다메섹문, 시드기야 터널, 헤로디안 쿼터 뮤지엄,
> 번트하우스(Burnt House), 다윗 망대 뮤지엄

9과

수난 :
예루살렘 성전

십자가에
못 박히시다
(눅 23:26-43)

본문으로 들어가기
대그룹 모임 | 5분

【 찬양 | 5분

찬송가 149장
주 달려 죽은 십자가

1. 주 달려 죽은 십자가 우리가 생각할 때에
   세상에 속한 욕심을 헛된줄 알고 버리네
2. 죽으신 구주 밖에는 자랑을 말게 하소서
   보혈의 공로 힘입어 교만한 맘을 버리네
3. 못 박힌 손 발 보오니 큰 자비 나타내셨네
   가시로 만든 면류관 우리를 위해 쓰셨네
4. 온 세상 만물 가져도 주 은혜 못 다 갚겠네
   놀라운 사랑 받은 나 몸으로 제물 삼겠네 아멘.

【 성경 읽기 】 5분

문맥 ● 체포, 십자가 처형, 매장

내용	마태	마가	누가	요한
겟세마네 기도	26:36-46 (26:30)	14:32-42	22:39-46	18:1 (12:27; 14:31)
예수님의 체포	26:47-56	14:43-52	22:47-53	18:2-12 (17:12; 18:20,36)
공회 앞 (베드로의 부인)	26:57-68	14:53-65	22:54-71	18:13-24
베드로의 부인	26:69-75	14:66-72	(22:56-62)	18:25-27
빌라도에게로	27:1-2	15:01	23:01	18:28
유다의 최후	27:3-10			
빌라도의 심문	27:11-14	15:2-5	23:2-5	18:29-38
헤롯 앞에 서심	(27:12)	(15:3-4)	23:6-12	
빌라도가 예수님 무죄 선언			23:13-16	(18:38b)
예수냐, 바라바냐?	27:15-23	15:6-14	23:17-23	18:39-40
에케 호모	(27:28-31a)	(15:17-20a)	(23:2-5)	19:1-15 (18:33-37)
판결	27:24-26	15:15	23:24-25	19:16a
조롱	27:27-31a	15:16-20a		(19:2-3)
골고다 길	27:31b-32	15:20b-21	23:26-32	19:16b-17a
십자가에 못박히심	27:33-37	15:22-26	23:33-34	19:17b-27
신성모독죄	27:38-43	15:27-32a	23:35-38	(19:18-20)

내용	마태	마가	누가	요한
두 강도	27:44:00	15:32b	23:39-43	
예수님의 죽음	27:45-54	15:33-39	23:44-48	19:28-30
십자가 아래서 증언	27:55-56	15:40-41	23:49	(19:24b-27)
예수님 죽음의 증거				19:31-37

배경

예수님의 십자가 처형에 관한 보도는(마 27:32-44; 막 15:21-32; 요 19:17-27) 세 장면으로 구성되고 있다(23:26-32 빌라도 법정에서 십자가 처형 장소로의 이동, 23:33-38 십자가 처형, 23:39-43 회개한 강도를 향한 구원 약속). 예수님의 위로의 말씀, 죄용서 말씀, 구원의 약속에 관한 말씀이 각 장면의 특징을 형성한다. 예수님의 죄 용서 말씀과는 대조적으로 다양한 종류의 사람들, 백성들, 관원들, 군인들, 한 행악자가 예수를 향해 내뱉은 사중적 조롱이 특징적이다. 많은 사람들이 등장하는 이 보도에서 처형장으로 끌려가는 예수를 위한 많은 여인들의 애곡이 순교자 서술에 등장하는 모티브이다. 형 집행 장소는 해골이라 명명된다. 마태와 마가, 누가는 이 장소를 '골고다'로 부르며 '해골의 장소'로 설명하고 있다. 골고다는 히브리어로 정확하게 '굴골레트'이며, 아람어로 '굴갈다'로 '해골'을 의미한다. 사형으로 처형된 자들의 해골이 그 장소에 쌓여 있었기 때문에, 혹은 그 지형의 형태로 인해 붙여진 이름으로 추정된다. 십자가 처형은 죄수의 고통스러운 죽음의 현장을 보여주고, 죽음의 고통을 연장시키므로 범죄를 경계하는 목적을 지녔다. 여러 종류의 예비

고문과 십자가 형틀 및 말뚝형, 십자가형, 거꾸로 매단 형 등의 십자가 위에서의 여러 자세들이 있다. 사형장에서 사형 당한 자의 옷을 나누는 것은 집행관의 임무였으며, 제비뽑기가 두 번 행해졌다. 외투, 모자, 허리띠, 신발을 먼저 나누고, 이어서 긴 의복을 나누는 관례가 있었다.

　복음서에 따르면 십자가 처형을 당한 예수께서 십자가 상에서 다음 일곱 가지 말씀을 하셨다.　1) "아버지 저들을 사하여 주옵소서 자기들이 하는 것을 알지 못함이니이다."(눅 23:34) 2) "내가 진실로 네게 이르노니 오늘 네가 나와 함께 낙원에 있으리라."(눅 23:43)　3) 자기 어머니께 "여자여 보소서 아들이니이다." 사랑하는 제자에게 "보라 네 어머니라."(요 19:26-27) 4) "나의 하나님, 나의 하나님, 어찌하여 나를 버리셨나이까."를 의미하는 "엘리 엘리 라마 사박다니."(마 27:46, 막 15:34)　5) "내가 목마르다."(요 19:28)　6) "다 이루었다."(요 19:29-30) 7) "아버지 내 영혼을 아버지 손에 부탁하나이다."(눅 23:46)

　23:43의 '낙원'은 신약성경에서 누가복음 23:43, 고린도후서 12:4, 요한계시록 2:7에만 나오며, '둘러쳐진 공간'을 의미하는 고대 페르시아어에서 유래한다. 주로 에덴동산을 상기시키며(창 2:8, 13:10, 겔 31:8), 종말시 구원의 소망을 표현하는 단어로 사용되고 있다.(계 2:7, 22장 참조). 하데스와 함께(16:19-31) 믿는 자들이 사후에 거하는 장소로 이해되기도 했다.

내용

　빌라도의 군병들이 자기 십자가를 스스로 짊어져야 하는(요

19:17, 마 10:38) 예수님을 십자가 처형장소로 끌고 가면서, 아마도 유월절을 맞아 예루살렘으로 오는 구레네 사람에게 채찍으로 약해진 예수님을 위해 십자가를 대신 지게 한다(26절). 예수님의 십자가형을 요구한 유대 지도자들과 함께 흥분한 백성의 무리가 백성들 모두의 견해를 대변한 것은 아니었다. 슬퍼하는 무리들과 함께(비교, 48절) 백성들이 예수의 뒤를 따라간다(27절). 예루살렘을 위해 애곡하셨던(19:41) 예수님은 임박한 죽음을 슬퍼하며 울면서 따라오는 예루살렘의 딸들을 향해 그들의 후손을 위해 울라고 위로한다(28절). 심판의 날이 도래하여, 잉태를 못하고 아이 없는 자에 대한 축복의 선언을 말하는 호세아 9:14(29절), 불신앙을 알리는 무너지는 산에 관한 호세아 10:8(30절), 푸른 나무와 마른 나무로 상징된 의인과 악인 전체에 대한 불가피한 심판, 멸망을 알리는 에스겔 21:3,8의 예언이 성취될 것이기 때문이다(31절). 사형선고를 받은 두 사람이 예수님과 함께 끌려간다(32절). 처형장인 해골의 장소에서 예수님께서 십자가에 못 박히시고, 다른 두 행악자도 예수의 좌편과 우편에 못 박힌다(33절). 예수님께서는 자신을 못 박는 이들을 향해 그들의 무지로 인한 죄의 용서를 아버지께 간구하지만(행 3:14, 고전 2:8,9), 처형자들은 예수님의 옷을 나눠 갖기 위해(시 22:6-7) 제비를 뽑는다(34절). 예수님의 죄 용서 간구와 대조되는 모습이 전개된다. 백성들이 조롱하며, 관원들이 너 자신이나 구하라고 조롱에 합세한다(35절). 군인들도 신포도주를 제공하면서(36절), 네가 왕이면 스스로 구원하라고 조롱한다(37절). 관원들의 조롱은 예수님의 구원 사역(눅 19:37) 및 유대공의회 앞에서 자신의 고백과 관련된다(눅 22:67-70). 예수님에게 신 포도

주를 제공하면서 행하는 군인들이 희롱은 "나의 하나님, 나의 하나님, 어찌하여 나를 버리셨나이까"를 의미하는 "엘리 엘리 라마 사박다니"와(마 27:46, 막 15:34) "내가 목마르다"는 예수님의 외침(요 19:28)을 전제한다. "이는 유대인의 왕이라"고 기록된 명패는 예수가 다양한 사람들에 의해 조롱 받았음을 요약적으로 명시한다(38절). 십자가에 처형된 한 행악자도 그리스도이면 너와 우리를 구원하라고 예수님을 조롱한다(39절). 반면에 다른 한 행악자는 조롱하는 행악자를 꾸짖으며(40절) 예수님의 의로움을 주장하고(41절), 예수님께서 자신의 나라에 임하실 때에 기억해 줄 것을 간청한다. 행악자는 자신의 죄를 인정하고 예수님의 무죄와 메시아되심, 부활과 재림을 믿고 자신의 믿음을 용기있게 드러낸다(42절). 예수님께서 그에게 하나님의 구원의 현재를 말하는 '오늘'(눅 2:11, 4:21, 5:26, 19:5,9)을 말하면서, 창조시 에덴동산을 상기시키는 낙원에 함께 있을 것을 약속한다(43절). 예수님은 죽음의 순간까지도 무지로 죄를 범하고 불신앙하는 인간의 죄를 용서하시고, 회개하며 믿는 자에게 구원을 약속하시는 은혜의 하나님이시다. 생명의 주인이신 예수님을 믿는 자에게 그와 함께 거하는 낙원이 약속된다.

【 성지 읽기 | 5분

❶ [비아 돌로로사](눅 22–23장) – 십자가의 길 14처소

1처소 | 재판 받으시다

2처소 | 채찍질 당하시다

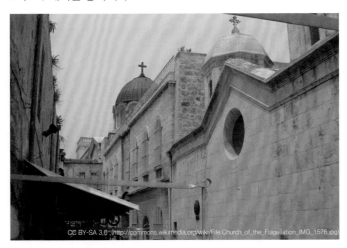

3처소 | 첫 번째 쓰러지시다

4처소 | 어머니 마리아를 만나시다

5처소 | 구레네 시몬이 십자가를 대신 지다

6처소 | 베로니카가 예수님 얼굴 닦아주다

(http://commons.wikimedia.org/wiki/File:Sta_Veronica042.jpg)

7처소 | 두 번째 쓰러지시다

8처소 | "너희 자녀를 위하여 울라"(눅 23:38)

9처소 | 세 번째 쓰러지시다

10처소 | 옷벗김 당하시다

11처소 | 못 박히시다

12처소 | 죽으시다

CC BY-SA 3.0 (http://commons.wikimedia.org/wiki/File:Jerusalem_Holy_Sepulchre_BW_18.JPG)

13처소 | 예수님의 시신을 내려놓다

　　13처소는 아리마대 요셉이 예수님의 시신을 내려 놓은 곳인
데, 이 지점에 관해서는 두 견해로 나뉜다. (1)한 견해는, 성묘교
회 정문을 들어서서 정면에 있는 "The Stone of Anointing"이
13처소라는 견해이다. 이 장소는 예수님 시신에 기름을 바를 때
예수님을 눕혔다고 전해지는 곳이다. (2)다른 한 견해는, 11처
소와 12처소의 중간이 13처소라는 견해이다. 이 곳에 있는 제단
은 천주교 소속이며 눈물을 글썽이고 있는 성모 마리아의 복상
이 있다. 이 제단 밑에 있는 골고다 언덕의 자연석을 볼 수 있다.

13처소 (1)

13처소 (2)

14처소 | 장사지내다

❷ 성묘교회　　*성묘교회 내부에 10–14처소가 있다.

❸ 가든툼–다메섹문

❹ 시드기야 터널

❺ 헤로디안 쿼터 뮤지엄(눅 3장)

❻ 번트 하우스(Burnt House)

❼ 다윗 망대 뮤지엄(눅 1장)

【 성경과 성지 이해

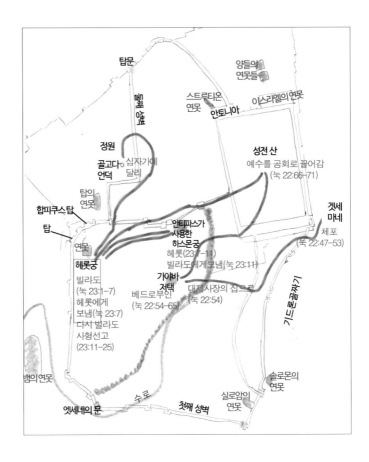

1. 위 지도에서 예수님 수난의 마지막 주간의 여정을 그려봅시다.

예수님의 죽음 당시 티베리우스

예루살렘 모형도

2. 십자가의 길 14처소를 지도에서 찾아보고 관련말씀을 묵상
합시다. (Via Dolorosa 눅 23:26-31)

제1처소 예수님께서 재판을 받은 빌라도 재판정, 선고교회
(Church of Condemnation) 위치

제2처소 "자, 이 사람이오(요 19:5)"

제3처소 예수님께서 십자가를 지고 가다 처음 쓰러진 곳
(아르메니안 기념교회 소속 작은 교회당)

제4처소 예수님께서 슬퍼하는 마리아를 만난 곳

제5처소 구레네 시몬이 십자가를 대신 진 곳(막 15:21) (프
란시스카너 소속 교회)

제6처소 성 베로니카(St. Veronica)가 물수건으로 예수님

십자가를 지고 가다 쓰러지신 예수님
"Christ Falling on the Way to Calvary" by Raphael

의 얼굴을 닦아 주었다는 곳(그리스 정교회 기념교회)

제7처소 예수님께서 두번째로 쓰러진 곳 (히 13:12~13) (두 개 예배당)

제8처소 예수님께서 "예루살렘의 딸들아 나를 위하여 울지 말고 너희가 너희 자녀를 위하여 울라"(눅 23:28)고 말씀하신 곳

제9처소 예수님께서 세 번째로 쓰러지신 곳 (콥틱 교회)

제10처소 예수님의 옷을 벗긴 곳(요 19:23~24)

제11처소 예수님께서 십자가에 못 박힌 곳(눅 23:33)

제12처소 예수님께서 십자가 위에서 죽은 곳(마 27:45~51)

제13처소 아리마대 요셉이 예수님의 시신을 내려 놓은 곳 (마 27:59)

제14처소 아리마대 요셉이 자기 무덤에 예수님을 묻어 장사지낸 곳(마 27:60~61)

3. 성묘교회(Church of the Holy Sepulchre)는 어디에 위치하고 있습니까? 지도에서 찾아봅시다. (눅 23:50-56)

4. 아래 지도에서 '가든툼-다메섹문'의 위치를 찾아봅시다.

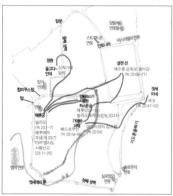

5. 지도에서 시드기야 터널의 위치를 추정해 봅시다.

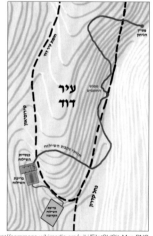

http://commons.wikimedia.org/wiki/File:OldCityMap.PNG

6. 헤로디안 쿼터 뮤지엄(눅 3장), 번트하우스(Burnt House),
   다윗 망대 뮤지엄(눅 1장)의 위치를 파악해 봅시다.

 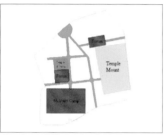

http://commons.wikimedia.org/wiki/File:Jerusalem_Jewish_Quarter_map.svg

7. 예수님의 체포, 십자가처형에 관한 누가복음의 다음 내용 중
   괄호 안에 지명 등 을 채우고 지도에서 찾아봅시다.

   체포 22:47-53 (마 26:47-56; 막 14:43-50; 요 18:3-11)

   ⁵²예수께서 그 잡으러 온 대제사장들과 성전의 경비대장들
   과 장로들에게 이르시되 너희가 강도를 잡는 것 같이 검과
   몽치를 가지고 나왔느냐 ⁵³내가 날마다 너희와 함께 (성
   전)에 있을 때에 내게 손을 대지 아니하였도다 그러나 이
   제는 너희 때요 어둠의 권세로다 하시더라

   **베드로의 부인 22:54-62 (마 26:57-58; 막 14:53-54, 66-
   72; 요 18:12-18, 25-27)**

   ⁵⁴예수를 잡아 끌고 (대제사장의 집)으로 들어갈새 베드로

가 멀찍이 따라가니라 ⁵⁵사람들이 뜰 가운데 불을 피우고
함께 앉았는지라 베드로도 그 가운데 앉았더니 ⁵⁹한 시간
쯤 있다가 또 한 사람이 장담하여 이르되 이는 (갈릴리) 사
람이니 참으로 그와 함께 있었느니라 ⁶²밖에 나가서 심히
통곡하니라

**예수님을 희롱하고 때리다 22:63-65 (마 26:67-68; 막
14:65)**

공회 앞 22:66-71 (마 26:59-66; 막 14:55-64; 요 18:19-24)

⁶⁶날이 새매 백성의 장로들 곧 대제사장들과 서기관들이
모여서 예수를 그 (공회)로 끌어들여 ⁶⁹그러나 이제부터
는 인자가 하나님의 권능의 우편에 앉아 있으리라 하시니

**빌라도의 심문 23:1-7 (마 27:1-2, 11-14; 막 15:1-5; 요
18:28-38)**

⁵무리가 더욱 강하게 말하되 그가 온 (유대)에서 가르치고
(갈릴리)에서부터 시작하여 여기까지 와서 백성을 소동하
게 하나이다 ⁶빌라도가 듣고 그가 갈릴리 사람이냐 물어
⁷헤롯의 관할에 속한 줄을 알고 헤롯에게 보내니 그 때에
헤롯이 (예루살렘)에 있더라

헤롯 앞에 서심 23:8-12

빌라도의 판결 23:13-25 (마 27:15-26; 막 15:6-15; 요 18:39-19:16)

¹⁹이 바라바는 성중에서 일어난 민란과 살인으로 말미암아 옥에 갇힌 자러라 ²⁵그들이 요구하는 자 곧 민란과 살인으로 말미암아 옥에 갇힌 자를 놓아 주고 예수는 넘겨 주어 그들의 뜻대로 하게 하니라

십자가에 못 박히심 23:26-43 (마 27:32-44; 막 15:21-32; 요 19:17-27)

²⁶그들이 예수를 끌고 갈 때에 시몬이라는 (구레네) 사람이 시골에서 오는 것을 붙들어 그에게 십자가를 지워 예수를 따르게 하더라 ²⁸예수께서 돌이켜 그들을 향하여 이르시되 (예루살렘)의 딸들아 나를 위하여 울지 말고 너희와 너희 자녀를 위하여 울라 ³⁰그 때에 사람이 산들을 대하여 우리 위에 무너지라 하며 작은 산들을 대하여 우리를 덮으라 하리라 ³¹푸른 나무에도 이같이 하거든 마른 나무에는 어떻게 되리요 하시니라 ³²또 다른 두 행악자도 사형을 받게 되어 예수와 함께 끌려 가니라 ³³(해골)이라 하는 곳에 이르러 거기서 예수를 십자가에 못 박고 두 행악자도 그렇게 하니 하나는 우편에, 하나는 좌편에 있더라 ⁴²이르되 예수여 당신의 나라에 임하실 때에 나를 기억하소서 하니 ⁴³예수께서 이르시되 내가 진실로 네게 이르노니 오늘 네가 나와 함께 낙원에 있으리라 하시니라

성지 묵상 나누기
소그룹 모임 | 35분

【 **묵상** | 10분

【 **시청각 나눔** | 10분

【 **개인·교회·세상에 적용하기** | 10분

【 **소그룹 마무리** | 5분

마무리하기
대그룹 모임 ∣ 10분

【 조별 발표 ∣ 5분

【 다음 묵상과 성지답사 및 기타 안내 ∣ 5분

> 통곡의 벽, 성전산, 베데스다 연못,
> 에케 호모(보라 이 사람이라), 데이비드슨 센터 다윗의 도시,
> 히스기야 터널, 실로암 못

10과

수난 :
예루살렘

죽음, 매장
(눅 23:44-56)

본문으로 들어가기
대그룹 모임 | 5분

【 찬양 | 5분

찬송가 143장
웬 말인가 날 위하여

1. 웬 말인가 날 위하여 주 돌아가셨나
이 벌레 같은 날 위해 큰 해 받으셨나
2. 내 지은 죄 다 지시고 못 박히셨으니
웬 일인가 웬 은혠가 그 사랑 크서라
3. 주 십자가 못 박힐때 그 해도 빛 잃고/
그 밝은 빛 가리워서 캄캄케 되었네
4. 나 십자가 대할 때에 그 일이 고마워
내 얼굴 감히 못 들고 눈물 흘리도다
5. 늘 울어도 눈물로써 못 갚을 줄 알아
몸 밖에 드릴 것 없어 이 몸 바칩니다   아멘.

【 성경 읽기 | 5분

문맥 ❶ 사복음서에서 예수님의 죽음

내용	마태	마가	누가	요한
예수님의 죽음	27:45-54	15:33-39	23:44-48	19:28-30
십자가 아래, 증언	27:55-56	15:40-41	23:49	(19:24b-27)
예수님 죽음의 증거				19:31-37
예수님 매장	27:57-61	15:42-47 (16:1)	23:50-56	19:38-42
무덤가 파수꾼들	27:62-66			

문맥 ❷ 누가복음에서 예수님의 죽음

23:44-49 예수님의 죽음
23:50-56 아리마대 요셉이 예수님을 매장함

배경

　빌라도의 법정에서부터 함께 한 백성들이(23:1, 13, 27, 35, 48) 예수님의 마지막 운명을 목도한다(마 27:45-56; 막 15:33-41; 요 19:28-30). 성소의 휘장은 예수님의 죽음 이전에 찢긴다. 마가복음 15:25에 따르면 예수님께서 십자가에 못이 박힌 시간은 제3시 즉, 오전 9시이다 제6시는 오후 12시이다. 예수님께서 세 시간 동안 십자가에 달려 있었다. 어둠이 시작되고 오후 15시까

지 약 세 시간 동안 지속된다. 어둠이 시작되며 모든 조롱의 말
이 그친다. 천문학적으로 유월절이 해당되는 시기에 만월(滿月)
이 있으므로, 누가만이 보도하는 밝은 대낮의 어둠은 일식현상
이 아니라, 절정에 달한 사탄의 활동을 말하는 종말론적 자연 이
적이다(욜 2:10, 습 1:15). 예수님께서 운명할 때 어둠은 "아직
잠시 동안 빛이 너희 중에 있으니 빛이 있을 동안에 다녀 어둠에
붙잡히지 않게 하라. 어둠에 다니는 자는 그 가는 곳을 알지 못
하느니라."는 요한복음 12:35을 상기시킨다. 이스라엘 백성이
'세상의 빛'이신 예수님을 죽이므로 어둠이 그들의 처소가 되었
다(44절). "내 영혼을 아버지의 손에 부탁하나이다."라는 예수
님의 마지막 외침은 경건한 유대인들이 잠자기 전에 하는 기도
로 시편 31:5,6과 관련된다. 예수님의 죽음을 구경거리로 삼고
자 한 무리들은 유대사회 맥락에서 죄수가 처형되는 것을 보기
위해 몰려든 마카베오3서 5:24을 상기시킨다. 예수님의 매장에
관한 사화에 경건한 유대인 요셉과 예수의 여자 제자들이 등장
한다(마 27:57-61; 막 15:42-47; 요 19:38-42). 예수님께서 탄
생하실 때 이스라엘의 위로를 '기다린' 의롭고 경건한 예루살렘의
시므온(2:25)과 예루살렘의 속량을 '기다리는' 자들에게 예님의
탄생을 알린 선지자 안나와 같이(눅 2:38) 예수님의 매장 시에
도 하나님의 나라를 '기다린'(51절) 경건한 유대인 요셉과 갈릴
리 여인들이 등장하고 있다(비교. 눅 12:36). 예수님의 장사에
유대 땅의 귀족과 갈릴리 지역의 이름 없는 여인들이 함께 참여
하고 있다. 유대인들이 먼저 예수님의 시체를 제거할 것을 빌라
도에게 요청하고 이어서 아리마대 사람 요셉이 예수님의 시체를
요청한다. 마태는 요셉을 아리마대의 부자이며, 예수님의 제자

로(마 27:57), 요한도 그를 예수님의 제자로(요 19:38), 마가는 존경받는 공회원이며 하나님의 나라를 기다리는 자로(막 15:43) 묘사한다. 누가는 요셉이 공회의원으로 선하고 의로운 자였다는 설명을 덧붙인다. 아리마대 사람 요셉이 빌라도에게 예수님의 시체를 요청할 때 일반적인 관례에 따라 빌라도가 돈을 요구했을 것으로 추정된다. 로마법에 따르면 사형수의 시체가 친지들에게 되돌려지지 않았다. 빌라도가 예수의 시체를 공회 의원인 요셉에게 왜 내주었는지에 대한 이유는 밝혀지지 않고 있다. 예수가 매장된 바위에 판 무덤은 요셉의 사회적 경제적 신분을 상기시킨다. 안식일 이전에 장례를 치러야 하는 유대인의 풍속에 따라 안식일 전야에 매장이 급속히 진행되었을 것이다(신 21:22-23). 유대교의 관습은 십자가 위에 시체를 밤새도록 방치하는 것을 금한다. 예수를 뒤따랐던 갈릴리 여인들은 예수님의 시체가 매장된 후 향품과 향유를 구입하므로 시체에 향유를 바르는 좀 더 예를 갖춘 장사를 준비한다. 동방에서 시체의 부패방지를 위해 일반적으로 기름이 사용되고 있었다. 시체를 물로 씻고 기름을 바르는 것은 유대인들의 일반적인 매장 방식이었다.

내용

제6시 오후 12시 정오에 해가 빛을 잃고 어둠이 임하여 제9시 오후 15시까지 지속된다(44절). 이어서 성소의 휘장이 찢긴다. 이 사건으로 예수님의 죽음은 유대인들에게 놀라운 것으로, 믿는 자들에게 믿음을 굳세게 하는 것이 되었다. 휘장은 성전의 성소와 지성소 사이에 있어 지성소로의 출입을 가린다. 히브리

서에 따르면 휘장의 찢김은 참 대제사장이신 그리스도의 희생의
죽음으로 믿는 자들 모두가 지성소에 들어가게 되는 것을 표현
한다(6:19,20, 9:12, 10:19,20). 그의 죽음으로 새로운 살 길이
열려졌고 휘장의 찢김은 예수님의 죽음으로 하나님과 인간 사이
에 화해의 길이 열렸음을 말한다(45절). 예수님께서 많은 사람
을 살리기 위해 자신의 목숨을 내어 놓으므로(마 20:28) 구약의
희생제의가 폐기되었다. 이제 예수님께서 부활하시므로 손으로
짓지 않은 새 성전이 예고된다. 시편 31편을 상기시키는 예수님
의 마지막 외침은 예수님과 아버지가 '하나'라는 온전한 자의식
을 드러낸다(46절). 예수님의 죽음을 목격한 자들이 이방인인
로마의 백부장, 유대 백성들, 예수의 추종자들 삼중적으로 언급
된다. 로마의 백부장은 십자가 상에서 예수님의 모든 행위와 죽
음을 목격하고 예수님께서 범죄자가 아니라 의인임을 고백하고,
예수 그리스도 안에서 하나님이 계심을 믿고 하나님께 영광을
돌린다. 마태와 마가에 의하면 이 백부장은 예수님께서 하나님
의 아들이라고 증언한다(47절). 백성들은 예수님의 소송과 사
형사건을 단지 구경거리(세오리아)로 생각하고 모인 백성들은
놀라움을 표현하며 아마도 예수님을 넘긴 것에 대한
(23:5,18,21) 후회로 인해 자신들의 가슴을 치고 돌아간다(48
절). 예루살렘에 거하여 예수님들 알고 있었던 모든 남자들과
갈릴리에서부터 예수님을 따라온 여인들도 멀리서 이 모든 사건
을 목격한다. 예루살렘의 딸들과 구별되는(23:28) 이 여인들은
예수님의 죽음의 증인이 되므로 장차 올 예수님 부활의 증인으
로 준비되고 있다. 이들 중 마태는 막달라 마리아, 야고보와 요
셉의 어머니 마리아, 세베대의 아들들의 어머니의 이름을(마

27:56), 마가는 막달라 마리아, 작은 야고보와 요세의 어머니 마리아, 살로메의 이름을 열거한다(막 15:40). 누가가 예수님의 부활의 목격자로 언급하는(24:10, 비교 8:2-3) 막달라 마리아, 요안나, 야고보의 모친 마리아 및 그들과 함께 한 다른 여자들도 예수님의 죽음을 목격한 여인들에 함께 포함되었을 것이다(49절). 공회원 요셉의 경건성이 선하고 의롭다는 표현으로 강조되고 있다(50절). 그는 다른 유대 공회원들과 달리 예수님을 사형에 처한 판결에 찬성하지 않았다. 요셉의 동네 '아리마대'는 예루살렘 북쪽에 위치한 마을이다(51절). 요셉은 무덤에 묻히는 불명예로부터 예수님의 시체를 지키고자 빌라도에게 시체를 요청한다(52절). 예수님의 시체를 십자가에서 받아 내려 세마포 즉, 수의(壽衣)에 싼다. 요셉이 예수님의 시체를 문은 바위에 판 무덤에 아직 사람이 장사한 일이 없음이 강조된다(53절). 예수님의 매장은 안식일 전날 예비일 즉, 목요일 저녁부터 금요일 저녁 석양 무렵까지행해졌을 것으로 추정된다(막 15:42, 요 19:42)(54절). 갈릴리에서부터 예수님과 함께 온 여자들이 예수님의 무덤을 보고 그의 시체가 어떻게 안치되는 지를 본다(55절). 예수님의 무덤을 본 후 여자들은 도시로 되돌아가 향유와 기름을 준비하고, 계명을 따라 안식일을 지킨다. 초기 기독교 공동체가 유대인의 율법 준수에도 충실했음을 드러낸다(출 20:10, 신 5:14)(56절).

【 성지 읽기 | 5분

❶ 통곡의 벽

❷ 성전산(눅 13, 21장)

❸ 베데스다 연못(요 5장)

❹ 에케 호모(보라 이 사람이라, 눅 23:1-5)

❺ 데이비드슨 센터 다윗의 도시

❻ 히스기야 터널

❼ 실로암 못(새로 발굴, 눅 13장)

【 성경과 성지 이해

1. 지도에서 '통곡의 벽, 성전산'(눅 13, 21장)의 위치를 찾아봅시다.

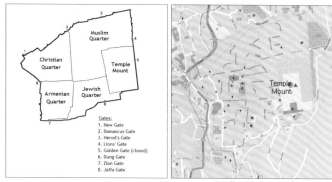

http://en.wikipedia.org/wiki/Temple_Mount

2. '베데스다 연못'과 관련된 성경 내용은 무엇입니까? 지도에서 그 위치를 파악해 봅시다. (요 5장)

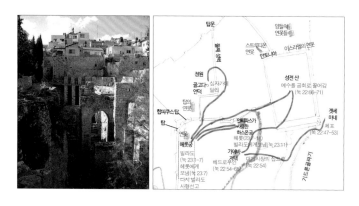

3. '에케 호모'의 뜻은 무엇입니까? 성경의 관련내용을 찾아봅시
   다. (보라 이 사람이라, 눅 23:1-5)

4. 누가복음에서 '다윗의 집'은 무엇을 의미합니까?

5. 데이비드슨 센터 다윗의 도시, 히스기야 터널, 새로 발굴된 실
   로암 못(눅 13장)의 위치와 그 의미를 찾아봅시다.

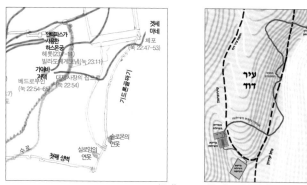

http://commons.wikimedia.org/wiki/File:Siloam_map.jpg

6. 예수님의 죽음, 매장에 관한 누가복음의 다음 내용 중 괄호
   안에 지명 등을 채우고 지도에서 찾아봅시다. (눅 23:44-56)

   예수님의 죽음 (마 27:45-56; 막 15:33-41; 요 19:28-30)
   23:44-49

   44때가 제육시쯤 되어 해가 빛을 잃고 온 땅에 어둠이 임하
   여 제구시까지 계속하며 45(성소)의 휘장이 한가운데가 찢
   어지더라 49예수를 아는 자들과 (갈릴리)로부터 따라온
   여자들도 다 멀리 서서 이 일을 보니라

   아리마대 요셉이 예수님을 매장함 (마 27:57-61; 막 15:42-
   47; 요 19:38-42) 23:50-56

   50(공회) 의원으로 선하고 의로운 요셉이라 하는 사람이 있
   으니 51(그들의 결의와 행사에 찬성하지 아니한 자라) 그

는 유대인의 동네 (아리마대) 사람이요 하나님의 나라를
기다리는 자라 52그가 빌라도에게 가서 예수의 시체를 달
라 하여 53이를 내려 세마포로 싸고 아직 사람을 장사한
일이 없는 (바위)에 판 (무덤)에 넣어 두니 55갈릴리에서
예수와 함께 온 여자들이 뒤를 따라 그 무덤과 그의 시체
를 어떻게 두었는지를 보고

성지 묵상 나누기
소그룹 모임 | 35분

【 **묵상** | 10분

【 **시청각 나눔** | 10분

【 **개인·교회·세상에 적용하기** | 10분

【 **소그룹 마무리** | 5분

마무리하기
대그룹 모임 | 10분

【 **조별 발표** | 5분

【 **다음 묵상과 성지답사 및 기타 안내** | 5분

> 엠마오-니코폴리스, 쉐펠라 지역(소렉골짜기, 텔벧세메스,
> 아세가, 엘라골짜기, 벧구브린, 라기스), 욥바

11과

부활 :
엠마오

엠마오 길에서
두 제자에게
나타나시다
(눅 24:13-35)

본문으로 들어가기

대그룹 모임 | 5분

【 찬양 | 5분

1. 엠마오 마을로 가는 두 제자, 절망과 공포에 잠겨 있을 때, 주 예수 그들에게 나타나시사, 참되신 소망을 보여주셨네

2. 이 세상 사는 길 엠마오의 길, 끝 없는 근심이 앞 길 막으나, 주 예수 우리에게 나타나시사, 새 소망 주심을 믿사옵니다

【 성경 읽기 ┃ 5분

문맥 ❶ 사복음서에서 예수님의 부활 이해

내용	마태	마가	누가	요한
빈 무덤	28:1-8 (26:32; 28:10)	16:1-8 (14:28)	24:1-12 (23:56)	20:1-13 (20:18; 20:17)
여인들에게 예수님 현현	28:9-10 (28:7-8; 26:32)	[16:9-11] (16:7; 14:28)		20:14-18
대제사장의 사기	28:11-15			
엠마오 길에서 두 제자에게		[16:12-13]	24:13-15	
제자들에게 (도마부재)	(18:18; 16:19)	(16:14)	24:36-43	20:19-23
제자들에게 (도마현존)				20:24-29
식사 중 열 한 제자에게		[16:14-18]		
갈릴리 산 열 한 제자에게	28:16-20	[16:14-18]		(14:23)
디베랴 호수에 제자들에게			(5;1-11)	(21:1-14)
바울의 예수님 현현 보고		고전 15:3-8		
마가의 짧은 결론		[16:1-8]		
마가의 긴 결론		[16:9-20]		
마태의 결론: 선교명령	28:16-20			

내용	마태	마가	누가	요한
누가 결론: 예수님의 마지막 말씀, 승천		[16:15,19]	24:44-53	
요한의 첫 번째 결론				20:30-31
요한의 두 번째 결론: 디베랴 바닷가의 예수님, 베드로와 애제자, 진리의 증인	(26:30-31; 16:28)	14:26-31 (9:1)	(22:39; 22:31-34; 9:27)	21:1-25 (18:1; 16:32; 13:36-38; 8:51-52)

문맥 ❷ 누가복음에서 예수님의 부활 이해

24:1-12 빈 무덤

24:13-35   엠마오 길에서 두 제자에게 나타나심

24:36-49   열 한 제자에게 나타나 생선을 잡수심

(너희에게 평강이 있을지어다)

24:44-49   예수님의 마지막 말씀

24:50-53   승천

배경

엠마오 도상의 두 제자에 관한 본 사화는 다른 복음서에 등장하지 않고 누가복음에만 나오는 본문이다. 관련된 본문이 마가복음 16:12-13 "그 후에 그들 중 두 사람이 걸어서 시골로 갈 때에 예수께서 다른 모양으로 그들에게 나타나시니 두 사람이

가서 남은 제자들에게 알리었으되 역시 믿지 아니하니라"는 짧은 말씀 안에 발견된다. 예수님에게서 이스라엘의 민족적인 구원을 바랐으나 예수님의 죽음으로 좌절하여 고향으로 돌아가는 두 제자가 엠마오 도상에서 부활하신 예수님을 만나 참된 구원을 얻고 부활의 증인이 된다는 본 사화는 가장 상세하며, 아름답고, 인상적인 부활 보도이다. 본문은 엠마오 도상의 두 제자와 부활하신 그리스도와의 만남(13-16절), 두 제자와 예수님과의 대화(17-24절), 예수님의 구약성경 해석(25-27절), 예수님께서 두 제자와 함께 동행하심(28-32절), 엠마오 두 제자의 새로운 증거(33-35절)로 구성된다. 예수님의 구약성경 해석은 예수님의 수난, 부활, 승귀가 이미 구약성경안에 증거된 약속으로 예수님께서 주도하시는 만남을 통해서만 그 이해가 가능하다는 초기 기독교의 확신을 반영한다. 엠마오 도상이라는 여행 길과 성경해석의 모티브는 빌립과 에디오피아 내시와의 만남에 관한 사화를 상기시킨다(행 8장). 제자 두 사람의 등장은 법적인 유효성을 지니는 증인의 수와 관련되어 예수님의 부활을 확증한다(눅 10:1). 29절의 숙박 모티브는 고대 세계에서 일반적이었던 낯선 사람들에게 숙박을 제공하는 덕목과 관련된다. 부지불식간에 신들이나 천사들을 대접하게 되므로 이 덕목이 종교적으로 존중되었다(비교. 히 13:2, 창 18:3, 19:2). 예수님께서 엠마오 도상의 두 제자들과 함께 떡을 떼어 나누신 사건은 교회가 성찬식을 통해 살아계신 주님을 만날 수 있다는 확신을 제공해 준다(30,35절).

내용

  유월절 예식이 끝난 후 아마도 무교절을 보내기 위해 예루살렘으로부터 약 25리 되는 거리에 떨어진 엠마오 마을로 가는 두 제자는 되어진 모든 일인 예수 그리스도 사건, 그에 대한 기대, 죽음 및 빈 무덤에 대해 서로 묻고 말하며 걸어가고 있었다. 25리의 거리는 원문에 60스타디온으로 기록되며 1스타디온은 607피트에 해당되는 왕복거리로 추정된다. 부활하신 예수님께서 그들에게 다가와 함께 걸으나, 눈이 가리어진 두 제자는 예수님을 알아보지 못한다. 부활하신 예수님을 보는 것은 그리스도로부터 주어지는 말씀과 믿음을 통해서만 가능하기 때문이다(13-16절). 두 제자를 향해 예수님께서 그들의 대화 내용에 대해 질문한다(17절). 예수님의 반복된 질문에 두 제자는 얼굴에 슬픈 빛을 드러내며 멈추어 선다. 선지자인 나사렛 예수께서 예루살렘에서 죽으신 일로 그들이 슬퍼함을 설명한다(18-20절). 그들 자신도 예수님께서 이스라엘을 구원할 것으로 바랐었다고 밝힌다. 예수님께서 죽으신 후 사흘이 되었지만 여인들과 다른 몇몇 제자들을 통해 빈 무덤이 발견되었고 예수님을 보지 못하였음을 말한다(21-24절). 이스라엘의 구원자를 잘못 이해한 두 제자를 향해 예수님께서 '미련한 자들,' '마음에 더디 믿는 자들'이라고 책망하신다(25절). 예수님께서 고난을 받고 영광에 이르게 되는 참된 메시아 예언에 관한 기본 내용을 가르치시며 구약성경을 설명하고 믿음의 올바른 기초를 세워준다(26-27절). 두 제자는 여행 목적지인 마을에 이르고 예수님께서 그들과 함께 동행한다(28절). 밤이 시작됨을 이유로 두 제자가 예수님을 강권하여 모

두 함께 유숙한다(29절). 이제 예수님께서 동행하는 손님으로서
가 아니라, 주인으로, 선생으로, 식탁에서 떡을 가지고 축사하시
어 떼어(비교. 눅 9:16) 두 제자에게 나누어 주신다. 믿음의 인
식은 예수님 자신이 베푸시는 은혜로만 가능하다(30절). 함께
길을 걷고 대화하여도 예수 그리스도가 누구인지 몰랐던(비교.
16절) 두 제자는 떡을 떼어 나누어 주시는 예수 그리스도 자신
의 주도적인 은사로 닫혔던 눈이 밝아지며 예수님께서 참된 메시
아, 그리스도임을 알게 된다. 참 만남을 경험한 두 제자에게 예
수님께서 더 이상 머무르지 않고 곧 사라진다(31절). 두 제자는
떡을 나눌 때에 '눈의 열림'이 예수님께서 스스로 성경을 해석하
실 때 이미 준비되고 있었음을 깨닫는다(32절). 믿음의 눈이 열
리고 부활하신 주를 만난 그들은 그 자리를 털고 즉시 일어나 예
루살렘으로 되돌아간다(33절). 동일한 체험을 예루살렘의 열한
제자와 그들과 함께 한 자들이 증언한다. "주께서 과연 살아나
시고 시몬에게 보이셨다"(비교. 12, 24절)(34절). 예루살렘의 공
식적인 부활 증언에 이어 두 제자도 엠마오 도상에서 체험한 부
활하신 그리스도를 설명하여(원어로 '엑세게오마이' 즉, '해석하
다'가 사용) 증거한다(35절).

【 성지 읽기 】 5분

❶ 엠마오-니코폴리스(눅 24:13이하)

❷ 쉐펠라 지역

소렉골짜기

텔벧세메스

아세가

엘라골짜기

벧구브린

라기스

❸ 욥바 (행 9,10,11장)

【 성경과 성지 이해

1. 위의 지도를 보며 예수님께서 부활 현현하신 장소와 말씀들
   을 찾아봅시다.

2. 예루살렘에서 엠마오 길로 가는 두 제자의 여정을 지도에서
   찾아봅시다. (눅 24:13이하)

3. 쉐펠라 지역을 지도에서 찾아봅시다. (소렉골짜기, 텔벤세메
   스, 아세가, 엘라골짜기, 벧구브린, 라기스)

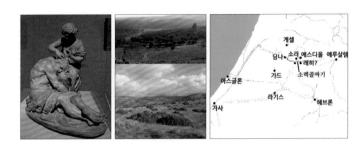

4. 욥바(행 9, 10, 11장)의 위치를 지도에서 찾아봅시다.

5. 예수님의 부활에 관한 누가복음의 다음 내용 중 괄호 안에 지
   명 등 을 채우고 지도에서 찾아봅시다. (눅 24장)

빈 무덤 24:1-12 (마 28:1-10; 막 16:1-8; 요 20:1-10)

¹안식 후 첫날 새벽에 이 여자들이 그 준비한 향품을 가지
고 무덤에 가서 ²돌이 무덤에서 굴려 옮겨진 것을 보고
⁶여기 계시지 않고 살아나셨느니라 (갈릴리)에 계실 때에
너희에게 어떻게 말씀하셨는지를 기억하라 ⁹무덤에서 돌
아가 이 모든 것을 열한 사도와 다른 모든 이에게 알리니
¹²베드로는 일어나 무덤에 달려가서 구부려 들여다 보니 세
마포만 보이는지라 그 된 일을 놀랍게 여기며 집으로 돌아

가니라

엠마오 길에서 두 제자에게 나타나심 24:13-35 (막 16:12-13)

13그 날에 그들 중 둘이 예루살렘에서 이십오 리 되는 (엠마오)라 하는 마을로 가면서 17예수께서 이르시되 너희가 길 가면서 서로 주고받고 하는 이야기가 무엇이냐 하시니 두 사람이 슬픈 빛을 띠고 머물러 서더라 18그 한 사람인 글로바라 하는 자가 대답하여 이르되 당신이 (예루살렘)에 체류하면서도 요즘 거기서 된 일을 혼자만 알지 못하느냐 24또 우리와 함께 한 자 중에 두어 사람이 무덤에 가 과연 여자들이 말한 바와 같음을 보았으나 예수는 보지 못하였느니라 하거늘 28그들이 가는 마을에 가까이 가매 예수는 더 가려 하는 것 같이 하시니 33곧 그 때로 일어나 (예루살렘)에 돌아가 보니 열한 제자 및 그들과 함께 한 자들이 모여 있어 35두 사람도 길에서 된 일과 예수께서 떡을 떼심으로 자기들에게 알려지신 것을 말하더라

열한 제자에게 나타나심, 예수님의 마지막 말씀 24:36-49 (마 28:16-20; 막 16:14-18; 요 20:19-23; 행 1:6-8)

36이 말을 할 때에 예수께서 친히 그들 가운데 서서 이르시되 너희에게 평강이 있을지어다 하시니 47또 그의 이름으로 죄 사함을 받게 하는 회개가 (예루살렘)에서 시작하여

모든 족속에게 전파될 것이 기록되었으니 ⁴⁹볼지어다 내
가 내 아버지께서 약속하신 것을 너희에게 보내리니 너희
는 위로부터 능력으로 입혀질 때까지 이 성에 머물라 하시
니라

승천 24:50-53 (막 16:19-20; 행 1:9-11)

⁵⁰예수께서 그들을 데리고 (베다니) 앞까지 나가사 손을
들어 그들에게 축복하시더니 ⁵¹축복하실 때에 그들을 떠
나 [하늘로 올려지시니] ⁵²그들이 [그에게 경배하고] 큰
기쁨으로 (예루살렘)에 돌아가 ⁵³늘 (성전)에서 하나님을
찬송하니라

성지 묵상 나누기

소그룹 모임 ┃ 35분

【 **묵상** ┃ 10분

【 **시청각 나눔** ┃ 10분

【 **개인·교회·세상에 적용하기** ┃ 10분

【 **소그룹 마무리** ┃ 5분

마무리하기
대그룹 모임 I 10분

【 조별 발표 I 10분

고린도전서 16:3-4
³내가 이를 때에 너희가 인정한 사람에게 편지를 주어 너희의 은혜를 예루살렘으로 가지고 가게 하리니 ⁴만일 나도 가는 것이 합당하면 그들이 나와 함께 가리라

욥기 23:8-14
⁸그런데 내가 앞으로 가도 그가 아니 계시고 뒤로 가도 보이지 아니하며 ⁹그가 왼쪽에서 일하시나 내가 만날 수 없고 그가 오른쪽으로 돌이키시나 뵈올 수 없구나 ¹⁰그러나 내가 가는 길을 그가 아시나니 그가 나를 단련하신 후에는 내가 순금 같이 되어 나오리라 ¹¹내 발이 그의 걸음을 바로 따랐으며 내가 그의 길을 지켜 치우치지 아니하였고 ¹²내가 그의 입술의 명령을 어기지 아니하고 정한 음식보다 그

의 입의 말씀을 귀히 여겼도다 ¹³그는 뜻이 일정하시니 누가 능히 돌이키랴 그의 마음에 하고자 하시는 것이면 그것을 행하시나니 ¹⁴그런즉 내게 작정하신 것을 이루실 것이라 이런 일이 그에게 많이 있느니라

부록

갈릴리 선상 성찬식 | 최성은

"누가복음의 예수님과 함께 하는 성지답사"와
참조자료 | 김문경

주님 가신 발자취를 따랐던 11일 | 양금희

갈릴리 선상 성찬식

성경: 마태복음 4:14-16
집례: 최성은 목사

우리는 지금 갈릴리 호수의 배 위에 있습니다. 이스라엘 성지 순례를 하면서 예수님이 걸었던 땅을 밟고 예수님의 시선이 머물렀던 산과 들을 바라보며 예수님의 숨결과 마음을 느끼다가 갈릴리 선상에서 성찬식을 거행하니 지금이 2012년이 아니라 마치 타임머신을 타고 이천년의 시간을 거슬러온 것 같은 생생한 현장이입과 감동이 있습니다. 특히 예수님의 삶과 성육신의 의미를 깊이 되새길 수 있는 성찬식을 갈릴리에서 행하는 것은 우리 성지순례팀에게 주신 하나님의 은혜가 아닐 수 없습니다.

예루살렘에서 북쪽으로 약 100킬로미터 떨어진 갈릴리는 예수님 당시 소외된 지역이었습니다. 유대인들 사이에서 "이방의 갈릴리"로 불렸습니다. 분명히 유대 땅이었음에도 이방 취급을 받았습니다. 그만큼 갈릴리 주민 중에는 노예들이 많았습니다. 대부분 제대로 교육을 받지 못한 무지한 사람들이었습니다. 갈릴리에는 처참할 정도로 빈곤에 시달리는 가난한 사람들이 살았습니다. 사회 경제적으로 부유하고 사치스러운 예루살렘 사람들이 볼 때 갈릴리는 부끄러운 지역이었고 인정하고 싶지 않은 사람들이었습니다.

　사람들은 갈릴리를 버렸지만 하나님은 버리지 않았습니다. 사람들은 갈릴리에 대해 무관심했지만 하나님은 갈릴리를 주목했습니다. 사람들은 갈릴리를 미워했지만 하나님은 갈릴리를 사랑했습니다. 메시야로 오신 예수님은 유대 땅을 떠나 갈릴리에서 성장했고 공생애의 대부분을 갈릴리에서 보냈습니다. 갈릴리 사람들과 함께 먹고 마시고 생활했습니다. 그들과 삶의 자리를 공유하며 기쁨과 슬픔과 아픔을 함께 나누었습니다. 예수님은 부활하신 후에도 갈릴리에서 제자들을 다시 만났습니다.

　갈릴리는 예수님의 존재의미와 그리스도인의 사명을 가장 잘 설명해 주는 곳입니다. 예수님은 하나님과 본체이지만 하나님과 동등됨을 버리고 낮고 천한 이 땅에 오셨습니다. 하늘 영광, 권세, 보좌, 능력을 모두 내려놓고 종의 형체를 가져 사람의 모양이 되었습니다. 그 성육신의 정신을 그대로 실천한 현장이 바로 이곳 갈릴리입니다. 부드러운 옷을 입은 사람을 보려면 예루살렘으로 가야 합니다. 화려하고 사치한 옷을 입은 사람은 예루살렘에 있습니다. 그러나 그리스도를 만나려면 갈릴리로 와야 합니다. 흑암에 앉은 백성이 있는 곳, 사망의 땅과 그늘에 앉은 자들이 있는 곳에 그리스도께서 계십니다.

　'예수가 바라본 하나님 나라'를 쓴 도널드 크레이빌은 "예수는 빵을 쪼개는 행위를 통해서 자신의 메시아 정체를 분명하게 밝혔다"고 말했습니다. 예수님은 자신을 과시하기 위해 이 세상에 오지 않았습니다. 빵은 쪼개야 나눠줄 수 있듯이 생명의 빵인 자신을 쪼개 우리에게 생명을 나눠주기 위해서 이 세상에 오셨습니다. 예수님께서 십자가에서 자신의 몸을 찢어 우리에게 주신 것이 성찬의 빵입니다. 예수님께서 십자가에서 자신의 피를 흘려 우리에게 나눠주신 것이 성찬의 잔입니다.

예루살렘 사람들은 빵을 수없이 가지고도 더 가지려고 혈안이 되어 있었습니다. 심지어 '돌을 빵으로 만들 수만 있다면'하는 황당한 꿈을 꾸는 사람들이었습니다. 오늘날 물질만능주의에 살고 있는 우리의 모습과 똑같습니다. 예수님은 빵을 추구하는 예루살렘 사람들이 아니라 먹을 빵이 없는 가난한 갈릴리 사람들에게 빵이 되어 주기 위해 오신 것입니다. 갈릴리 바닷가에서 오천 명을 배불리 먹이고 열두 바구니를 남겼을 때 예수님은 마음이 얼마나 기뻤을까요. 밤새 고기 한 마리도 잡지 못하고 지쳐 있는 제자들에게 숯불에 구운 생선과 떡을 먹이실 때 얼마나 행복했을까요.

오늘 우리가 갈릴리 선상의 성찬식에 참예하면서 성육신하신 예수님을 진정으로 만나기 원한다면 우리에게 있는 예루살렘 의식을 모두 내려놓아야 합니다. 크고 화려하고 부유하고 명예로운 것을 추구하는 예루살렘의 배부른 가치관과 방식을 버려야 합니다. 예수님은 심령이 가난한 자가 복이 있다고 말씀했습니다. 가난한 갈릴리의 심령에 예수님은 찾아오십니다. 세상 욕망을 내려놓고 예수님만으로 배부른 성찬예식이 되기를 바랍니다.

"누가복음의 예수님과 함께 하는 성지답사"와 참조자료

김문경   『예루살렘 통신』 제86호 (2012)

"저 구름 같이, 비둘기들이 그 보금자리로 날아가는 것 같
이 날아오는 자들이 누구냐"(이사야 60:8)

2012년 2월 11~22일에 행해진 장로회신학대학교 성지연구
원 제30차 일반 성지답사는 예수님께서 걸으신 이동경로를 따라
누가복음에 나오는 예수님의 사역의 현장 장소들을 탐방하는
이스라엘 집중 답사로 진행되었다. 답사의 인솔을 맡은 본인은
현재 장로회신학대학교 성지연구원 원장이신 구약학 박동현 교
수님과 이스라엘에 소재한 장로회신학대학교 예루살렘 성지연
구소에서 일하시는 김태훈 목사님과 함께 의논하며, 눈으로 보
는 성지순례를 넘어서 누가복음에서 예수님과 제자들이 걸었던
길을 그대로 따라가 볼 뿐만 아니라, 누가복음의 말씀을 묵상
하여 귀로 듣고, 입으로 말씀을 나누며 땀 흘리며 발로 걷고 체
험하는 성지순례를 준비하고자 노력하였다. 성지연구원 실무자
들과 함께 의논하면서, 누가복음의 기록자가 "유대문화와 지리
에 익숙하지 않은 당대의 독자들에게 예수님의 사역을 친절하고

이해하기 쉽게 보여주고 있으며 이것은 오늘날 우리에게도 동일하게 적용"(김태훈 목사)된다는 이해에서 누가복음을 성지순례의 교본으로 택하였다.

예수님의 탄생지인 베들레헴에서 출발하여 '나사렛에서 갈릴리로 이어지는 길'(Jesus Trail 1), '가이사랴 빌립보와 사마리아 지역'을 거쳐 '여리고에서 예루살렘으로 오르는 길'(Jesus Trail 2), 예루살렘에서 '예수님의 수난의 길'(via dolorosa)을 따라 걷는 여정은 일반 여행사들이 꺼리는 여행 동선이었다. 그러나 함께 협력해 주신 '성지여행사'의 장문기 사장님의 이익을 탐하지 않으시는 헌신으로 인하여 답사 단원 모두 하나님의 크신 은혜를 체험하는 귀한 순례여정이 될 수 있었다. 이스라엘 현지 선교사님과 예루살렘에서 직접사역하시며 이스라엘 유대 기독교인들의 교회들을 섬기시는 유대 기독교인 목사님의 간증·특강은 하나님의 구원의 역사와 선교의 소명을 새롭게 깨닫는 귀한 시간들이었다.

1~2차에 걸친 준비교육에서 또는 개별적으로, 누가복음에 대한 개관과 예수님의 사역 현장 지명들을 충분히 익히며 누가복음을 깊이 묵상하고, 성지 답사 현장에서 반복하여 말씀을 읽고 묵상한 단원들은, 저녁에 전체 그룹 토의와 소그룹 토의 과정으로 진행된 '묵상 나눔 성경공부'를 통해 당일의 순례 학습과 체험을 보다 더 잘 정리할 수 있었다. 단원들 모두 성경과 성지의 입체적인 조명을 통하여, 엠마오 도상에서 "눈이 밝아져, … 우리 속에서 마음이 뜨거워지는"(눅 24:31,32) 제자들의 체험을 공유할 수 있었다.

답사를 마치고 제30차 일반 성지답사 단원들은 누가복음 설

교와 사진, 영상 등의 묵상자료를 함께 나누고 있다. 성지연구
원 실무자들과 의논하면서 답사 중에 사용한 '누가복음의 예수
님과 함께 하는 성지답사 묵상 나눔 성경공부' 자료를 보완하고
정리하여 '누가복음 성지·성경공부' 자료를 제작 출판할 소박한
계획에 단원들 모두가 즐겁게 참여하고 있다. 장로회신학대학교
성지연구원에서 행해지는 모든 성지답사에 참여하신 분들이 언
제나 그러했듯이, 제30차 일반성지답사에 참여한 단원들 모두
가 각기 자기 분야에서, 불의하고 부당한 이익이나 자신의 유익
을 탐하지 않고자 애쓰며, 자신에게 주어진 직무에 진실하게 헌
신하고자 노력하는 기도의 사람들이었기에, '누가복음 성지·성
경공부' 자료가 제30차 일반성지답사 단원들에게 주신 하나님
의 선물로 하나님의 선하신 뜻 가운데서 탄생될 수 있을 것이라
기대한다.

　본인이 답사 인솔을 위해 '누가복음의 예수님과 함께 하는 성
지답사 묵상 나눔 성경공부' 교재를 준비하면서 기본 틀을 가져
온 '장로회신학대학교 신학대학원 성경공부 시리즈의 교재와 수
업에 관한 안내' 외에 참조한 자료들 중 일부를 다음과 같이 소
개한다.

김문경, 유해룡, 오방식, 이원형. 『말씀으로 기도하기. 2 누가복
　　음』. 셈연구 시리즈 11. 서울: 한국기독교교육교역연구
　　원, 2008.
Currid, John D. and Barrett David P. *Crossway ESV Bible
　　Atlas*. 2010. 이용중 역. 『부흥과 개혁사 ESV 성경지
　　도』. 서울: 부흥과 개혁사, 2011.

Rainey, Anson F. and R. Steven Notley. *The sacred Bridge: Carta's Atlas of the Biblical World.* 2005. 강성열 역. 『성경 역사 지리학 고고학 아틀라스』. 서울: 이레서원, 2010.

Holman Bible Editorial Staff. *Holman Quicksource Bible Atlas: With Charts Maps and Biblical Reconstructions.* 2005. 이용중 역. 『손에 잡히는 성경 지도』. 서울: 부흥과개혁사, 2009.

Brisco, Thomas V. *Holman Bible Atlas: A Complete Guide to the Expansive Geography of Biblical History.* 강사문, 김은호, 소기천 역. 『두란노 성서지도(HOLMAN BIBLE ATLAS)』. 서울: 두란노, 2011.

Eshel, Hanan. *Qumran: A Field Guide.* Jerusalem: Carta, 2009.

답사 현장에서 성지 안내를 담당하셨던 김태훈 목사님께서 추천하신 자료는 다음과 같다.

Walker, P. W. L. *In the Steps of Jesus: An Illustrated Guide to the Places of the Holy Land.* Grand Rapids, Mich. : Zondervan, 2007.

Hiking the Jesus Trail (http://Jesustrail.com/)

주님 가신 발자취를 따랐던 11일

양금희 『예루살렘 통신』제86호 (2012)

나는 지난 2월 11일에서 22일까지 장로회신학대학교 성지연구원이 새롭게 기획한 누가복음의 예수님의 발자취를 따라서 하는 성지여행에 참여하였다. 처음엔 "기왕 가는 성지순례인데, 이집트도 가고, 시내산도 오르고, 바울 여행지도 방문하면 좋을텐데, 왜 하필 내가 선택한 여행이 이스라엘에서만 11일을 머무는 누가복음 여행이지?"하는 마음이 없지 않았다. 그러나 그렇게 시작된 이 여행은 지금까지 내 생애에 있었던 그 어떤 여행보다 의미 있고, 주님을 가까이에서 느낄 수 있었던 행복한 여행이 되었다. 난 지금 '이스라엘 앓이'를 하고 있다.

우리의 이스라엘 여행은 예수님이 태어나신 베들레헴에서 시작되었다. 보통 한 지역을 다 본 후 다른 지역으로 이동하는 것이 여행의 순서이겠지만, 우리는 예수님의 발자취를 따라서 예루살렘 가까운 베들레헴에서 시작해서 바로 예수님이 성장하신 북쪽의 나사렛으로, 그리고 다시 남쪽으로 내려와 세례 받으신 요단강으로 갔다가, 다시 그분이 공생애 기간 동안 많은 시간을 보내신 북쪽의 갈릴리 지방으로 올라가는 여행을 하였다. 그곳에서 가버나움, 뱃세다, 고라신과 같은 마을들도 가고, 갈릴리 바다에서 나사렛까지 난 산길을 걷거나, 갈릴리 바다를 배를 타고 건너면서 예수님이 가신 길을 뒤쫓아 보았다. 우리는 가이사랴 빌립보가 있는 골란고원을 지나 예수님이 변형되신 변화산이라고 추정되는 다볼산과 헬몬산까지 올라갔다가, 다시 예수님이 자신의 구원사역을 마무리하기 위하여 향하신 예루살렘에로의 긴 여정에 올랐다. 여리고, 베다니, 뱃바게에서 옛 성터, 마가의 다락방, 비아 돌로로사 등 예수님의 동선과 관련된 여러 유적지를 방문하였고, 끝으로 주님이 부활하신 후 제자들에게 나타나신 엠마오와 그 주변지역을 답사하였다.

물론 우린 누가복음에 나타난 예수님의 여정에만 머물러 있었던 것은 아니다. 헤롯왕의 성곽(헤로디움)과, 나사렛과 지척에 있던 로마도시 찌포리, 사해와 쿰란, 지중해로 통하던 로마의 항구도시인 가이사랴에도 갔었고, 또 갈릴리에서 예루살렘으로 내려올 때에는 누가복음의 여정과는 약간 다르지만, 사마리아 지방에 들어가 야곱의 우물, 세겜, 실로, 베델도 거쳐서 여리고로 들어갔고, 예루살렘에서는 다양한 박물관을 방문하였으며, 마지막으로 아름다운 항구도시 욥바에도 갔었다. 이 모든 장소들도 예수님이 어떻게 성장하셨고, 어떻게 살고 사역하셨을지, 예수님 당시의 상황을 폭넓게 이해하는 데 정말로 큰 도움을 주었다.

사실 이스라엘에 도착한 다음날, 때마침 환경미화원들의 파업으로 거리 여기저기에 쓰레기가 나뒹굴고 있는 모습을 보며, 또한 세계 어디에나 있을법한 도로를 달리며, 갑자기 '이게 성지란 말인가?'하는 생각이 들었다. 뭔가 특별하고, 성스러워야 할

것 같은 '성지'에 차들이 다니고, 시장에서 물건을 팔고, 언덕 위
에 다닥다닥 집들이 붙어 있고, 사람들의 일상생활이 이루어지
고 있었다. 척박하고 초라하였다. 성지에 대한 환상이 깨지는 순
간이었다. 그런데 어느 순간 이 특별할 것이 없는 곳에서 2,000
여 년 전, 그것도 찌포리 같은 로마도시도 아닌 2백 가구 정도의
낙후된 도시 나사렛에서 성장한 예수님이라는 분을 지구의 다른
쪽에 살고 있는 내가 주님으로 부르고, 게다가 그분의 발자취와
흔적을 느끼기 위해 지구를 돌고 돌아 찾아왔다는 것이 놀라와
졌다. 그분이 정말 하나님의 아들이 아니었다면 이게 가능한 일
인가? 하나님의 뜻이 아니었다면 나사렛의 다른 젊은이들처럼
역사 속에 흔적도 없이 사라졌을 사람 아니었던가?

그러면서 갑자기 우리 하나님이 얼마나 작은 사람, 보잘것없
는 생명을 소중히 여기시는 분인지가 느껴졌다. 하나님은 그의
아들을 보잘것없는 갈릴리 목수의 아들이라는 사람으로 우리에
게 오도록 하셨다. 그리고 그분은 오셔서 가난한 자가 복이 있
다고 하셨고, 지금 주린 자와 우는 자가 복이 있다고 하셨다. (눅
6:20, 21) 그리고 그분은 수많은 순례객 중 한 명이었던 나, 지나
쳐 버리면 그만일, 나와 같은 사람을 그곳에서 만나주셨고, 만
져주셨다.

유대광야에, 갈릴리 바다에, 십자가를 지고 걷던 비아 돌로
로사에, 성묘교회에 주님이 계셔 주셨고, 내게 말씀하여 주셨고,
또 내 말을 들어주셨다. 갈릴리 바다에서 주님은 내게 깊은 데로
가서 그물을 던지라고 하셨는데, 나는 왜 그랬는지 지금까지 주
님께 해 드린 것이 하나도 없어서 죄송스럽고 미안해서 한참을
울었다. 비아 돌로로사에서는 예수님의 십자가를 대신 진 구레

네 시몬처럼 저도 주님 십자가 대신 져 드리는 사람이 되기를 원한다고 말씀드렸다. 11일, 짧았지만 내 생애 그 어느 때보다 예수님의 이야기가 나의 이야기가 되었던 시간이었다.

성지는 주님의 이야기가 있는 곳이다. 많은 장소에서 오래된 돌이나 풀 밖에는 볼 것이 없어도 그곳엔 주님의 이야기가 있다. 그래서 성지에 가는 순간 우린 주님의 이야기 속으로 예수님의 삶 안으로 들어가게 되고, 그 이야기가 다시금 우리에게 재현되는 것을 경험할 수 있다. 이것이 바로 우리가 성지에 가야하는 이유이고, 성지순례 자체가 곧 기독교교육이 되는 이유이다.

그런데 그렇게 주님의 이야기가 재현되고 그것이 나의 이야기가 되기 위해서는 시간이 필요하다. 그 같은 일은, 잠시 중요한 곳 몇 군데 찍고 빨리 다른 나라로 가야만 하는 여정에서 일어날 수가 없다. 말씀읽기를 통하여 주님의 이야기를 머리에 그릴 수 있었야 하고, 또한 현장에서도 시간을 가지고 그 이야기를 재현하고, 예수님의 말씀에 귀 기울일 수 있는 시간이 주어져야 한다. 더 나아가 그 같은 경험을 함께 순례하는 순례객들과도 나눌 수 있다면 더할 나위 없이 좋을 것이다. 그런 의미에서 이번 누가복음 속 예수님의 여정을 뒤쫓는 성지 순례는 이 같은 모든 요건들이 갖추어졌던 여행이었다고 할 수 있다. 이런 여행을 할 수 있도록 해 주신 하나님께, 장로회신학대학교 성지연구원장 박동현 교수님께, 인솔하신 김문경 교수님, 가이드를 해주신 김태훈 목사님께 마음 깊은 곳에서 우러나는 감사를 드린다. 또한 함께 여행한 성지 답사팀원들 모두에게 감사하고, 다음에도 다시 만나 함께 하기로 한 '사도행전 여행' 약속 꼭 지켜질 수 있기를 간절히 바란다.